3〜100店チェーン

時給2000円払っても営業利益率10%出せる収益モデルの作り方

伊藤稔 著
Minoru Ito
チェーン経営コンサルタント

エベレスト出版

まえがき

本書は、「儲かるチェーン店企業になるための人時活用法」について書いた本です。もっと言えば、企業として新たな顧客を開拓していく戦略・戦術について解説した、チェーン経営者のための専門書です。

経営者のための…と、あえて示しているのは、人時売上を上げていくことは、担当取締役や部門長といった、いわゆる主管部門の役員や部長、商品部、販売促進部、物流部、システム部、開発部、管理本部の立場の方々とは、本質的に収益を上げていくやり方がまるで違うからです。

本書でくわしくご説明していますが、似ているように見える仕事でも、本質的に違う収益活動であれば、当然ながら「企業として生きる術」は全く違います。

このことを理解せずに、真似事を行なうと、儲かるどころかますます状況は悪化することになります。

これまで、店舗経営実態の構造別に、営業収益を上げるやり方についてくわしく解説した書はありませんでした。似たような業務としてひとくくりにされ、なんでも一緒くたにして「売上を上げれば人時売上もあがる…」といった教え方をされてきましたが、はたして、本当にそうでしょうか？

本当にそれで、チェーン企業がお客様を新規開拓することが出来るのでしょうか？

私は、チェーン企業専門のコンサルタントとして、これまで100名以上の方々と直接関り、300名以上の方にアドバイスをしてきましたが、チェーン小売業成功の本質は、まるで違うところにあると断言します。

「表面的には売れてるように見せてるが、実は、客数は毎年減って悩んでいる社長」

「10年間頑張ってやってきたけど、社員給与も上げられないことに耐え忍んでいる」

「新店を出せば楽になると思ったのに、売上は上がるも利益が増えず厳しい状況」

「客数アップのイベントでは売れても、全体の収益アップにならない」…

等々、毎日のようにご相談にお越しになる方がいますが、その大半は、「チェーン経営の人時売上活用方法」を理解せずに、周囲の似て非なる活動の真似をやみくもに行なっていた方です。

チェーン企業の社長として活躍するためには、それに適した営業方法を熟知して実施しなければ、描いた夢は永遠に実現しません。しかも、その最も重要なことは、「そこで生み出した資金で自ら新規顧客を開拓できるようになる」という点です。本書は、この最重要ポイントに絞り、その戦略的な展開策について、理由も含めてくわしく書いています。

チェーン企業経営者専門として書きましたが、店舗経営実態の構造別に収益向上方法の違いを分かりやすく解説したことで、それぞれの区分店舗を支援する主管部門の担当役員・部門長方にも参考にしていただける内容になったと思います。

いずれにしろ、本書を通じて、より多くのチェーン企業の経営者の方がご自身の企業の魅力を最大限に発揮し、社会に貢献いただけるきっかけとなれば、これに優る幸せはありません。

令和4年3月吉日

株式会社 レイブンコンサルティング　伊藤　稔

目次●

第6章　社内の知識・経験＋ノウハウを活かし大きなお金に換える具体戦略……173

第1章

チェーンストア企業なら営業利益率10％以上あるのは当たり前！

Ⅰチェーン企業が、人時売上でつまずく本当の理由

・同じ業種でも収益構造が違えば、生き残る手法もまるで違う

本書は、「チェーン小売り経営のための人時活用方法」について記した専門書です。

他のチェーン小売業関連の書と少し違う点は、あくまでも「収益構造を変え利益を増やす」ことに特化して、その実務と戦略について書いている点です。

私の仕事は、チェーン企業専門のコンサルティングですが、これから、儲かるようになって、今よりも、時間の余裕が持てて、将来どのように発展成長させていけばいいのかと考えておられる方に対して、経営のアドバイスを行う仕事です。

仕事柄、多くの経営者の方とお会いし、これまで、１００社以上の方々と直接かかわってきました。

そうした「成長企業のコンサルタント」を仕事とする私が、「収益構造改革」に特化して本を書いたのには大きな理由があります。それは「９割以上の企業が、収益構造の要となる　人時生産性で悩んでいる」からです。

これは、何も大げさな表現でもなんでもありません。

一般的な基準や、決まったやり方があるわけでもなく、誰でも「人時生産性」を簡単に口にすることが出来るだけに、世の中のチェーン全般で見れば、本当に、高収益で、営業利益率10％以上を手にしている企業など、数えるほどしかないのが現実だからです。

しかし、地域で年商数十億～数百億売っているとなると、地元の名士で、地域貢献、活性化に一役買うはずの小売企業ですから、世間一般から見れば、商売のプロのはずです。そんな地元で有名企業が、収益力問題で悩んでいるなんてとても考えられない、と思う人も多いかもしれません。

ところが、現実は全く違うのです。先代から引き継ぎ大きく発展させることを夢見ながら、その実態は鳴かず飛ばずの厳しい状態。

企業の成長に必要な仕組みやデータなどほとんどなく、どれも昔ながらのやり方や人に頼ったままやり続けているものばかり。

今のまま続けても　使えるお金も時間も増えない、止めるか、儲からないけど続けるか、収入が減る中で社員の給与も上げられないことに耐え忍んでる経営者もいます。

しかし、経営者であるがために、「経営や収益構造で悩んでいる…」などとは、口が裂けても言えません。

プライドもあるし「経営に困ってるチェーン企業」と思われたら、協力してくれたメーカーやサプライヤーの力が得られなくなってしまい、今まで、来店していたお客様まで来なくなってしまうかもしれないからです。
言うに言えない悩みの上、相談する相手もわからず、悶々と悩んでいる方が本当に多いのです。人づてに弊社のことを知ってお越しになられたとき、ホッとされて苦しい胸中を涙ながらお話しいただいたこともあります。

「表面的には売れてるように見せてるが、実は、客数は毎年減っている」
「10年間頑張ってやってきたけど、鳴かず飛ばずで、社員給与も上げられない」
「売れない芸人のように、顧客に媚びを売る店のやり方が本当に悔しい」
「新店を出せば楽になると思ったのに、売上は上がるも利益が増えない」
「客数アップのイベントでは売れても、全体の収益アップにならない」
「改装をやれば良くなると思ったが、コストだけが膨らんだ」

などなど、なかには、「先代から、あれこれ出される宿題は、昔ながらのやり方ばかりで、これは、もう時代遅れなのでは…」というご相談もあります。

こういった方々に対して、収益構造改革を進め活躍していただくために、業務改革の体系化をはじめとしたアドバイスを行なっているのですが、中でも、外せない重要なポイントが「人時生産性」なのです。

人時と書いてニンジと読みますが、一人当たり時間作業量のことを意味します。売上対比10％を超える人件費の大事な要素となるこの人時こそが収益向上の原動力となるからです。

それにしても、なぜ、「人時」で悩むという事が起きるのでしょうか？

人時はもちろん簡単ではないとしても、上手くいってる小売りチェーン企業の声が聞こえてこない現状を考えれば、「ヨソの業界に比べて小売業に向いていないのでは？」とさえ思えてきます。これには、何か理由があるのではないかということです。

チェーン企業というのは、難しい接客もなければ、専門的な教育をしなくても売上高が得られ、社会的な地位が確保できるといった、商売的には大変魅力のある業界です。

しかし、一方で知っておかなければならないことは「専門知識が不要で売上が高い＝商売として簡単」ではないということです。

むしろ、通用しなくなったやり方を見直し、再び収益を上げ、成長軌道に乗せるまでが実に大変…という現実です。

最大の理由は「収益を上げていくためのカタチが見えない」ためどうすすめていけばいいのか、非常に分かりにくいということです。

なかでも、「チェーンストアビジネスで人時生産性を上げていくやりかたを、ほとんどの企業が教わったことがない」ということが、難しさを増幅させています。

見よう見まねしようにも「外から形が見えない」ことから、具体的にどう動けばいいのか、何をすればいいのかわからず、過去のやり方しか知らない企業にとってみると、いまひとつピンとこないのです。

しかも、ややこしいことがもうひとつあります。

それは、生産性を上げると称して「似て非なること」がやたらと目につくことです。似て非なるということとは、一見すると、生産性をあげることにとても似ている他の手法という事です。

例えば、マーケティングや販促といった単に売上を上げるといった手法や、ITでコミュニケーション力をアップさせるとか、物流設備投資で流通コストを改善といった、主管部門が部分的に行う効率改善のことです。

本来であれば、人時生産性を引き上げそこで得られた資金を新たな顧客開拓につなげることで収益力のある企業への変革を目指していくとわかっているはずなのに、ついつい、やり易い、活動コストを持つ部署に、「出来るところから…」と単発改善の指示をしてしまうのです。

似て非なる…とは、言葉の上では結構近そうなのですが、やはり全く違う活動ということです。

みなさんが想像しているよりも、はるかに「隔たりのある違い」です。たとえて言うなら、「クマ」と「イヌ」くらい違う…といった感じです。

クマとイヌは、生まれたばかりの小さなときはぬいぐるみのようにかわいくて、見分けがつかないものですが、全く違うカテゴリーの生きものです。

大きくなるとクマは凶暴になり人を襲ったりしますが、イヌは、人になつきペットや盲導犬や災害救助犬。警察犬として人命救助の役割を果たします。「だから何なの？」と思う人もいるかもしれません。

しかし、冷静に考えてみて欲しいのですが、生まれたばかりの時はどちらもかわいらしくても、クマはイヌのようになるか?ということです。この違いは「生きていく手法がまるで違う」ことを意味しているのです。

私から言わせれば、社を上げて取り組む人時生産性改革と、本部主管部門の改善とは、クマとイヌくらい「生きていく手法」がまるで違う活動なのです。

にもかかわらず、その違いに気づかずに、他社でやっている部分改善の手法の真似しつづけたらどうなるか?当然、やればやるほど苦しくなり、もがけばもがくほど状況は悪化していく…という事になります。

実際に、世間で「人時生産性のための改善」と謳っている本質的にまるで違う本部主管部門向けの改善を、一緒くたにしたら一体どうなるか、ということです。

・単日集客数アップのための日替わりチラシ数増による切替え作業の増大
・買上げ点数アップ狙いの大型販促物や複数売場展開による作成設置作業の増大
・店舗の必要人時と連動しない新卒採用による人件費増大
・売上拡大目的で導入した移動スーパーコスト増による利益の圧迫化
・レイバースケジュールを導入し会議で報告は出来ても、なぜか減らない人件費

似て非なる改善ではこうした各部署にとってみれば、効果があっても、企業全体では、むしろ逆効果になることを言います。

しかも、ご丁寧に、各主管部ではこうすれば効率は上がる。といった付き合いのあるの業者から提案される業務委託内容は見直されることなく、毎年契約更新が行われていきます。

しかし、クマを犬のように飼おうとすれば危険なように、企業が自らの力で生き抜く方法を知らないまま、他に依存した生き方をやろうとすれば危険であるということです。

要するに、チェーン企業には、チェーン企業自らの力で人時生産性を引き上げていく方法があり、これをやっていかなければ大苦戦する、ということなのです。

・人時はチェーンビジネスの生命線

ここで、まず申し上げておきたいことは、人時はビジネスにおける生命線だということです。このようなことを申し上げると、「そんな当たり前のこと」との声が聞こえてきそうです。

しかし、このようなことを、わざわざ申し上げるのには理由があります。

それは、残念なくらいに「人時生産性を軽んじてる人があまりにも多い」からです。

なかには、売上さえ取れていれば人時売上は上がるし、いちいち面倒な人員削減をしなくても上手くいくはず…と堂々と言う人もいます。

しかし、現実はきわめて冷徹です。

人時生産性を改善する力のない会社は、必ず苦境に陥り、やがてやっていけなくなります。これは、企業が倒産する理由を見れば一目瞭然です。

ほぼすべての倒産理由はただひとつ「収益悪化」だからです。

これは、帝国データバンクのウェブサイトで、毎日のようにアップされる「倒産情報」を見ればすぐにわかります。

主力商品になっていたものが飽きられたとか、競合企業の商品やサービスに負けたり、新店や改装店が不振だったりと、それなりの理由が書かれています。

しかし、「要するに、お金が足りなくなったから倒産した」ということです。

「商品鮮度が大事だ」「顧客サービスが大事だ」いや「効率のいい物流だ」「商品開発力だ」「マーケティング力だ」…と多くの人が声高らかに言いますが、本質はたったひとつです。「自らの力でお金を増やすことが出来なければ。企業は生き残れない」のです。

多くをいうまでもなく、利益こそ、企業活動における全ての源泉だからです。

社員の給与も、設備投資もマーケティングも、宣伝も販促も、商品開発も、何と言おうがお金が無ければアウトです。

利益がでなくても「お金を借りてくればいい」という人もいますが、借りたお金は返さなくてはならないわけですから、遅かれ早かれ、「生産性を上げて利益を出して返す」しかありません。

そのためには、「人時をどう使い売上を獲っていくのか」これ以外ないのです。

要するに、人時売上を高めてお客様を増やしていく活動こそ、企業活動の本質ということです。

事実、そこがうまく機能し売上が好調であれば、企業は元気だし、社内は間違いなく活気に満ちています。

給料も上がるし、なにより社長の表情は力強く晴れやかです。発言も積極的で、新規事業の展開の話などポンポンと出てきます。

一方で、昨年どれだけ売れた企業でも、今年に入り全く売れず、コストは下がらないとなると、社内の活気はしだいに失せ、どんよりとした空気が漂い始めます。

運営部長の怒声が飛び交うも、店舗の士気は上がらす、責任のなすりつけあいの無駄な会議がどんどん増えていくといったことが起きます。

社長はといえば、顔色が悪く不機嫌。明るい未来どころか、現状をどうするかで頭がいっぱいで、イライラしながら打開策を考えるも、原因も解らず対策が打ち出せない状態。

巨大な船が沈んでいくがごとく、ジワジワとですが、確実に会社は傾いていきます。

このことは、どれだけ業績があっても、規模が大きくても、内部留保があっても同じです。

営業不振に陥ると、入ってくるお金が急減するのに、固定費は変わらず出ていきます。

流出を止める為に様々な経費カットをしますが、それでも足りなければ、社員を解雇して人件費を下げたり、お金になりそうな事業を売ったりします。

とにかく、流出を防ぐためにリストラが行われるのです。

実際、一世を風靡したあのアパレル企業も、国内最大の小売チェーンだった企業も、お金を扱う金融企業でも「あの企業が？」と、耳を疑いたくなるような、かつて最強のように思われていた企業でも、あっけなくこの世から消え去っていきました。

・人時売上はどのように計上されているか？

売上がストップすれば、まるで「呼吸が止まった」かのように、企業はたちどころに傾きだし、やがて倒産まっしぐらになります。

「そんなことは、言われなくても分かっている」と声が聞こえてきそうですが、ふだんセミナーやご相談にお越しになる方に、来年度の人時売上を向上させていくための予算はいくら予定されていますか？と質問してみると、キョトンとした顔をされます。

「えっ、今、いきなり聞かれても…」といった言葉がありありと見てとれる表情です。

皆さんいかがですか？

人時改善させていくためにどれだけ予算計上する計画があり、それによってどこまで人時生産性を引き上げ、利益獲得するかといった算段がありますか？

先に、「人時はビジネスの生命性」とお伝えして「そんなこと分かっている！」と思われた方が大半だったと思います。

チェーン企業とは、大勢の人の手によって動かされるビジネスであることから、あえて、お聞きしているのです。

「売上とか生産性とか関係ない、うちはボランティアでやってる」というならともかく、企業経営として考えれば、「営業経費」「販売促進費」「広告宣伝費」といったものを計上するのは、至極当然のはずです。

実際、多くのチェーン企業の経営者の方々から「客数アップのための販促強化」とか「新入社員採用のための採用費」「新店のための出店費用はしっかり計上しておくようにと社内で言っているのですが…」といった、少しバツの悪そうな趣きで答が返ってきます。

私からすれば、人時売上を上げる為の活動経費計上をせず、業務改革計画もなしに、ビジネスを展開するということは、これは、「人時がビジネスの生命線ということを、本質的に理解されていない動かぬ証拠です」と申し上げています。

この状態を一言で表せば、「何か店舗でいい改善方法はないか?と、口を開けて待ってる状態」ということです。

こうお伝えすると「いや、業務改革経費の計上はなくても、改善活動くらいはちゃんとやってる」と、反論が返ってきます。

うかがえば、人時を手計算で集計して月次報告の準備をしたり、レイバースケジュールをエクセルで作成し現場カイゼンと称しコミュニケーションを強化して風通しを良くしてる、人材育成にも所属団体への研修に参加させている。

などなど、さまざまな活動に経費をかけてることをアピールされます。

たしかに、「月次報告の数値」や「レイバースケジュール」のようなことも立派な生産性活動で、どれも欠かせない事です。しかし、この改善活動には大きな問題があります。それは、「活動に対して、収支計算がない」という点です。

実際、「では、来年の人時売上はどれくらいになりそうですか?」と突っ込んで聞いてみると、「それは…、たぶん今年と同じくらい…」と歯切れの悪い言葉が返ってきます。

どれぐらいの売上で、そこにどれぐらいの人件費がかかるのか?何となくの予想はあっても、「売上の伸び頼みなのでハッキリ言えない」というのが本当のところだからです。

後述しますが、人時生産性改善とは、「取り組んだ分だけ、一定の確率で確実に利益になる」ことがきわめて重要です。

これが無ければ、全体計画が曖昧になります。カイゼン経費も既存運営予算の中で、人も兼任のままで…なんとなくでしかできないことが続くわけです。

つまり、１００の活動に対して、最終的に6割とか5割の結果が確率論で得ることが出来る導線設計がしっかりと作られているかどうかが重要なのです。

もし、貴社の社員に、来年の計画を聞いたとき、「たぶん、来年も同じくらい売れるでしょうから同じくらいの生産性じゃないでしょうか?」といった答えしか返ってこない社員ばかりであれば、どう思われるでしょうか?安心して、枕を高くして眠ることが出来るでしょうか?

業務改革活動は行っている…。これは確かに間違いないかもしれませんが、「取り組んだ部分だけ一定の確率で確実に利益になる」かどうか、これこそが重要なのです。

つまり、人時に悩む多くの企業が行っていることは、生産性改善と称し、他の「似て非なる活動」を、知らず知らずのうちに行っているということなのです。

このことは、経営者ご本人が考えているよりも、はるかに危険な状態に企業を追い込んでいっていることを知らなければなりません。

・業界が騒ぐ時給の壁の正体とは

業界を取り巻く環境は大きく変わりました、２００８年から始まった人口減少により、ジワジワと売上が減り始めました。

そして、労働人口の減少は人の採用数に影響がでることから、これまでと同じやり方を続けようとしたところでは、現場が回りにくくなるといったことが起りました。

たくさん人を抱え、それを管理するために二重に人手をかけるやり方に綻びが出始めたのです。

多くの人数で時間をかけてやっていたことを、少ない人数で短時間でやることをいきなり求めたことで、パワハラ、ブラックといった社会問題に発展したことは記憶に新しいことと思います。

その結果、有能な人材は会社を去り、少しぐらい高い時給を提示しても働き手が集まらないといったことが起りました。

残された従業員の高齢化が進む中、店の人手不足が問題になり、その穴埋めに新入社員を採用したわけですが、これが後に裏目に出ることになります。

フルタイムが増えたことによる予算超過でパートアルバイトが採用できなくなり、人手不足の状況を招くことになります。

ところが、その実態をよく見ていくと、社内では、手待ちや、やり直し、特定の人にしかできない業務で固められ、多く人を抱えないと回らないやり方になっていたことに気づきます。

自社の業務内容を把握し、そこに適正に人をあてがうことができているか?という問題について向き合って来なかったため、人件費という最も高いコストで代償を払い続けることになったのです。

その人件費の要となるのが人時であり、日本が海外に比べて人時生産性が低いのはこうした背景が長年続いてきたからにほかありません。

現場の店舗では、やり方も、働き方も個人任せであったため、企業側として勤務実態から、正しい人時売を把握することすら出来ない状況がありました。

私の前職は総合スーパーの西友ですが、まさにそういった日本企業特有のやり方を続けていたことから厳しい経営状況が続いていました。

幸運にも、提携先となったウォルマート本部の幹部とともに、欧米先進諸国ではどのようにやってきたのか?日本企業とのその違いを知ることが出来ました。

そこから人時のあり方ついて学び始め、その活用方法について議論を重ねてきました。

そういった環境で、会社が抱えていた全ての課題を一つひとつひも解き、成長するために必要な仕組みを作ったことで、世界各国にあるウォルマートグループ企業の中で最も高い人時生産性を出すことが出来たのです。

それが、昨今の国内業界が直面している人時生産性の解決の手がかりになっているのは事実で、最近は、それを活かした企業が増えています。

生産性と聞くと、個人に課せられる労働強化や、早期退職、リストラといったことがイメージされます。

私から言わせれば、そういった側面はあるにしても、実際に行なっていく内容の点にすぎず大半は違っているということです。

むしろ、愚直なまでに一人ひとりの考え方や、働き方を尊重し、企業と個人がベストを尽くし、新たな顧客を増やしていくにはどうすべきかという経営課題に時間をかけていきます。

そこで、ここまでやる、というくらい考え抜き活動していくことで、振り返れば結果的に、人時生産性が大きく変化していた、ということが多いのです。

そして、企業が提示したゴールと個人の目標を一致させることで、さらに合理的な会社経営を行なえる企業に変わっていくという感じです。

そういった、仕組みと聞くと、「それは大手だから出来たのでは…」ということを言われます。今だから言える事なのですが、西友はバブル崩壊後、幾度となく破たん状態に追い込まれました。

ウォルマート傘下に入り九死に一生を得たものの、その後も、7年間に渡りそのどん底から抜け出すことが出来ませんでした。

出来ることは全てやりつくし、もう手が無いという状況のなかで、その窮地を脱する最後の手段が、この人時を使った業務改革だったのです。

みなさんが想像するよりはるか後ろからの出発でしたので、売上低迷、赤字スレスレで苦しまれてている企業や、これから成長戦略を探しておられる企業の方であれば、かなり優位なポジションからのスタートとなることから、十分過ぎるぐらいの成功を手にできるものと考えるからです。

仕組みとは「収益を生み出す構造」という意ですが、その健全性が保たれていれば、人が替わってもきちんと、一定の確率で成果が得られるということです。

実際に、西友では、業務改革の仕組みを作ったことで黒字転換することが出来、その後も成長軌道に乗っています。

その間ＣＥＯは何人も変わっていて、一時的に、ＣＥＯが不在の時もあったくらいで、まさに、社長不在でも最高益がだせるということを実証してきたことになります。

ウォルマートとの提携前は、そういった仕組みとは無縁で、良い時はいいが悪い時は…というのがあたりまえで、収益が不安定であったのです。

どちらが企業にとって良いかは、経営者のみなさんであればお分かりのことと思います。

さて、話を元に戻しますが、労働人口が減ると人件費や採用単価が上がるのは、どの企業でも同じ、そこでどう考えるかが重要なポイントなってきます。

業界としては、現状体制を維持するために何とか採用単価上昇に歯止めをかけたかったことから、この問題が収益悪化の原因とPRしたわけです。

見かたを変えれば「これ以上人件費が上がったら、うちは赤字になる」という損益分岐点をカミングアウトしたということです。

そこに目をつけたのが、外資チェーンやネット通販で、時給２０００円のマネジャーを公募、といった策を待ちかまえていたかのように打ち出しました。

どちらの企業も、業務内容を明確にして人材を公募する方式ですから、優秀な人材は当然そちらにいきます。問題は、なぜ、そのようなことができるのか?ということです。

かつての西友をはじめとした国内チェーンのように、個人的やり方に依存し竹槍で戦うというやり方に対し、組織的に図上指示で人を動かすことで、無駄なく収益を上げるようになっているということです。

人時の総量を減らすことをできる仕組みさえあれば、それを推進する管理職の給与を上げても、十分ペイできるということです。

人時を戦略的にコントロールする仕組みを持った企業であれば、リスクの高い原価交渉や、効果の薄いチラシを投入しなくても、収益構造を自在に変えられることから、競合相手との戦い方が大きく変わってくるということです。

Ⅱチェーン経営者の9割が「人時」で悩んでいる。

・無意識に「似て非なる活動」を真似てしまう理由

先に、クマとイヌは、生きていく方法も違う…という事を申し上げましたが、チェーン経営の生命線である人時生産性についても、「似て非なる活動」をマネして行おうとします。その最たる例が「業務改革の経費計上がない」という事実なのですが、これがホントに恐ろしいのは、経営者自身が「無意識で行なっている」という点です。

たとえば、業務改革費を計上していない理由として、「うちは　店舗数が少ないから…」といった言葉がよく返ってきます。

社員が本部に何百人もいるならともかく、本部機能も店舗で兼任してるとこもあって、業務改革コストを計上しようにも難しい…という声です。

たしかに、もっともらしい言い分です。しかし、

――新たに店舗を出店する場合はどうですか？　と質問してみると、

「わかり切ったこと聞かないで…」とばかりに、みなさん口を揃えて「それは、開店プロジェクトを組んで進めていきますよ」と言われます。

ＧＭＳや、スーパーマーケットはもちろん　ホームセンター、ドラッグの各社全てに聞

いてみても「全社プロジェクトでやるのが当然」といった同じ答えが返ってきます。

では、もうひとつ質問です。

――なぜ、新店の時には、プロジェクトで力を合わせてやるのが当然なのでしょうか？

簡単に言えば、部門の垣根をなくし全社一丸となって出店計画をたて進めなくては、成功などできないからです。

そのため、開店までの経費はプロジェクトとして位置付けられます。

何か新しいことを始めるのに、必ず準備金が必要だと分かっていればしっかり腰を据えできるということです。

しかし、実はこの質問には、もうひとつ重要なことが隠されています。

それは「なぜ、新店の時は、開店準備金を用意してやるのが当然」と思ったか？という点です。

私たちは、日常生活やビジネスの現場において、意識するしないにかかわらず、様々な経験や学習をしています。

この様々な経験や学習を積み重ねる中で「このケースの場合は、こうするのがふつう」といったことも、無意識に蓄積していってるということです。

それを具現化しているのが、開店準備室プロジェクトであり、そこでは出店計画書が作られ、そのベースになるのが出店長期損益計画で、これを元に初期投資、運転資金が算出されます。

成長企業はこうした出店計画を次々と策定し、成長には投資が欠かせないという挑戦をし続けているから勢いがあるのです。

人時生産性を上げていくのも同じで、業革を進めるのには「こんなイメージや、こうするのがふつう」と誰もが思って展開できるようにすることが成功のきっかけになり、その可能性を高くするということです。

そのために、プロジェクト化が大事で、それが無いため「業務改革のための経費計上が無い」「業務改善計画が無い」もっと言えば「業務改革を柱とした成長戦略がない」…ということで一歩も前に進まないのです

なぜ、こうなるのかといえば、まさに最初に申し上げた人口減による出店の機会が少なくなってしまったことから、各主管部門は予算の中で、上手くいきそうなことだけ、やればいいと思ってしまっているということです。

もちろん店舗のことを考えてる部門も中にはありますが、宣伝販促では商品部主体ですし、施設保全では水光熱費や清掃費の削減であり、物流の積載効率改善といったことも同

様といえるでしょう。

彼らの活動は、本部会議で行われることが多いため、社長の目に映り、耳に聞こえてきます。各主管部の活動は「社長の目に入れて、耳に入れてナンボ」だからです。

そして、最も理解すべき重要なポイントは、主管部門の仕事は、直接店舗の業務改善に対して行わるものではなく、自部門の功績だという点です。

つまり、そのために、業者やメーカーの提案を集め自部門の功績にしていくということです。

どこかで似た話がありましたよね、そう、単日売上を上げる日替わり企画も、売上拡大目的の移動スーパーも、レイバースケジュールや会議のためのソフトウエアをつくるＩＴ企業との関係はまさに同じことなのです。

・真似るなら、本物のチェーン企業の業務改革を真似よ

このように、こういったことが生産性改善といってる人は大勢います。とくに、新聞雑誌はもとより、テレビやインターネットなどで、「物流コストが」「ＩＴで社内コミュニケーションを」といった話を毎日のように見かけます。

問題は何のための生産性改善なのか？であり、その目的が、店舗の人時生産性に反映されるものなのかどうかが重要で、それでなければ意味がないということです。

そもそも、こういった課題解決ためには、店舗のどの業務に問題があって、そこでは、どうしてほしいのか？ということがわからなければ、手の施しようがありません。

つまり、店舗ごとの人時売上のどこに関わることなのか全社的に同時共有できるようになっていなければ、それらの活動は何一つ出来ないということです。

前著「個店力最大化のすすめ方」で、生産性が高く顧客から支持される店舗が、どういう区分けでどこを目指すべきかを図解でご説明しました。重要なことは、表面的な売上や見た目を変えるのではなく、構造的に収益構造を変えることで利益を上げるということです。

この当たり前の前提に立つとき、販促やマーケティング、物流や施設保全、商品開発…といった業務が優先されるようであれば、当然、店舗の人時生産性向上施策ではないこと

になります。店舗が業務改善を希望しているということよりも、各主管部門が、バラバラに動き、良いとこ取りで高く効果をみせるか?ということになるため、全体の効果はほとんど出ないといってもおかしくないのです。

何せ、各部門がこれくらい改善しますと言ったしても、店舗運営部が人時生産性の数値を持っていなければ、議論になりませんから、まさに主管部門の好き勝手にできてしまうのです。

新入社員一人採用すれば、定年退職まで2億円かかります、新店や物流センター設立後には数年に一度の改修工事2億円が必要です。チラシ経費にも年間一店1千万とすれば、20年で2億円がかかってきます。

こういったコストは店舗運営の意志に関係ないとこで決定され最終的に、毎年全て店の経費に乗ってきます。

問題なのは、こういったお金が出ることについてはいとも簡単に決済する本部部門はあるのに、本当にお金を増やす仕組みを構築する組織がない。ということです。この機能の必要性をまともに理解し明確に伝える人が、殆どいないというのが大きな理由の一つです。

店舗の人時実態が把握されていないまま、そこに主管部門の新たな業務が次々追加されればどうなるか？

店舗は本部からの指示で、業務が増えることはあってても減ることはありません、この業務量が多いことが問題なのに、さらに、各部門からの指示が増えれば人時生産性が落ちるのは、火を見るより明らかということです。

つまり、本部主管部門のもつ予算は、店舗運営の人時売上高にホントに貢献するものになっているか？ここにメスを入れることであり、これこそが本物の業務改革のあるべき姿といえるからです。

・人時売上の本質を活かした　時給3千円時代の到来

私はチェーン企業専門のビジネスアドバイザーとして、より多くのチェーン企業が活躍することを本気で支援しています。

これからの時代、国内チェーン企業にとって、人時生産性の実務ノウハウ活用こそが成長発展の原動力となると信じているからです。

実際、優れた企業は、まず、店舗運営で営業利益を引き上げる仕組みをつくり、ライバルを尻目に事業を急成長させています。

これは、従来型ともいえる、販促強化の売上だのみというのとは、明らかに一線を画すやり方です。**事業成長に必要な、生活者への価値提供を最大に発揮できるチェーン企業の登場が待ち望まれているからです。**

その企業がもつ文化や特徴を「生産性を起点に顧客満足度を最大化させる手法」を身に着けることが重要となります。なぜなら

・「単発で売れるようにするのが従来型チェーン」

・「連続で儲かるようにするのが成長型チェーン」

という違いがあり「その時しか買えない店」的な、売り手主体の営業姿勢では、新たなお客様の獲得が思うようにいかないからです。

たとえて言うなら、日替わり、タイムセールは、期間限定の為、時間に余裕のある年金受給高齢者に選ばれます。

しかし、今後ターゲットとすべき、多忙な、有職主婦や共働き子育て世代は、そういったお店を利用することが出来ないのでメリットを感じません。

そう言う意味では、お客様のライフスタイルに合ってるかどうかが重要となってきます。品切れ、売場のわかりやすさ、価格の安さといった対顧客店舗コンディション指標を目標に掲げる企業が望まれるわけで、こういったことは、地域や国によって違いはなく、共通した顧客願望です。

つまりそういったお客様が望む店舗コンディションにいかに近づけていくかよって、店の収益力は大きく変わってくるということです。これは、前述のとおり、「他の似て非なる活動」とはまるで違うやり方になります。

そのためには、店舗運営ではそうしたことが判る仕組みと、それを扱うことが出来る人材が求められます。

現場で「忙しそうなとこに応援に入ってやりなさい」と口頭指示するやり方から、予め、ポジションごとの職務内容が明示された、作業指示書を使い人を動かすやり方に変わっていくことになります。

職務内容を明示することができれば、人材をピンポイントで募集することが可能となり、市場から幅広く集める選択肢が増えこれが競合にダメージを与えることになるからです。

例えば、品出し業務の人は、相場の千円前後で採用したとしても、作業指示書を作りそれに基づくタイムキーパーが出来る人材は２０００円。

その作業指示書を店全体として取りまとめることが出来る人材を２５００円というふうに欲しい人材を幅広く募集できるということです。

では、時給３０００円というのは、どういう仕事になるでしょうか…年間１８００時間を総労働時間とすると５４０万円。

年収５００万円超といえば、店長クラスということです。

このように職務内容と金額を提示し、業種・業界・男女・国籍問わず、募集をかけたらどうなるか？ということです。

実際にやってみるとわかるのですが、こちらの要望に応えてくれる人材を採用したほうが業務改革は圧倒的にスムーズ進みます。

そもそも、長年時間をかけて育成するやり方から、時間をかけずに、期待に応えてくれる人を早く集めることが出来れば、その分コストは下がったことになります。

こういったことに、各企業が気づくようになれば、遅かれ早かれ時給３千円時代はやってくるということです。

時給３千円時代を恐れるのではなく、先んじて創り上げていくことで、優位な立ち位置で仕掛けていくことが出来るということです。

読者の中には、「話しにならん！」「こんな方法できるわけがない！」と怒り出す方も出てくるかもしれません。

これまで業界常識となっていた「店長は生え抜きの本社員」という考えとは、まるで違う方法というより、むしろ真逆の考え方だからです。

そして、決して簡単とは言えない方法です。

実際、弊社にお越しになられた経営者の方でも、最初はしり込みをされる方も珍しくありません。ただし、そこでは、本当にすばらしい見返りも用意されています。

それは、この手法が回せるようになると、営業利益率は、今の2倍はおろか、３倍や４倍も夢ではなくなる…ということです。

さらに、将来社長として経営の第一線から身を引く時まで、資産の切り売りの連続で、社員給与を上げられなかったら…という心配もなくなります。

経営から身を引くという事に対しては、人によって考え方が違うかもしれません。

しかし、「身売り同然の業績不振で辞めざるを得なくなる」というのと、「自分から余裕でリタイアする」のとでは、雲泥の差だということです。

人時の本質となる業務が明確に決まっていて、すでに、そういったことが出来る企業も増えてきております。

少なくとも、せっかく引き継がれた会社があるのなら、大いに活躍するに越したことはありません。

そして、多くの人から感謝される生き方であれば、できるだけ長く味わいたいと思うのが当然だと思います。

最後の最後まで活躍できる状態を創り出す、その現実的な実務が「人時」ということです。

冒頭では、かなりしつこく「人時」の重要性についてご説明いたしました。

本質的に、このご理解が極めて重要だと考えるからですが何卒ご了承ください。

これから、「営業利益率10％出せる収益モデルの作り方」について事例を交えながら、わかりやすくご説明していきます。

第2章

社内の知識や経験は
お金に換えてこそ
本当の価値を発揮する

Ⅰ人時売上力は、営業利益率10％企業への夢を叶える原動力

・見栄えのいい店を真似しても生き残れない

今から3年半ほど前のことです。あるチェーン企業S社の経営者の方と出会ったのですが、個別相談の席で、「先生、とにかく何でも言う通りにやりますので、なんとかよろしくおねがいします…」という言葉は。今も耳に残っていて忘れることが出来ません。

もちろん「何でも」というのは、言葉の意味通りではありません。引き継がれた地元有名チェーンの経営者として、活躍することを目指してきたにもかかわらず、思い描いていた通りに全然進まない。やっていける方法を教えて欲しい…という意味です。

先代から引き継いだチェーンで店舗数を拡大し、不動産を活かした多角化事業でも成功していたものの、「店舗運営の利益率は下がる一方で回復の見通しが立たない」という状態だったのです。

会社概要のパンフレットやホームページ、SNSといった一般的に目に触れるモノや、商工会議所や同業の集まりの会などでは「売れてる企業」を演出して、皆から「すごいですね～」ともてはやされても、経営者としての実績はゼロでした。

「このまま、チェーン企業をやっていくことができるのだろうか？」という不安でいっ

ぱいだったと述懐されています。

その社長にまずお伝えしたことが、ＥＤＬＣの４象限の図解による「店舗経営実態の構図」でした。

これまで取られた戦略のミスに気付いてもらうためです。チェーン経営の店舗といっても、構造的に収益をあげるやり方の他にも、「見映えや形を重視したもの」「集客にポイントを置いたやり方」といった「似ている活動」がたくさんあります。

これらのやり方は明確に異なり、そしてやっていく戦略はまるで違うのです。

かいつまんでご説明すると、お金の決裁権を持っている本部と、サービスを享受する店舗との指標が違えば、どれだけお金をかけても　店舗の生産性を上げることはできない。ということです。

要は各主管部門が、いくら大金をかけても、その対象が効果の出そうな店舗や企画ばかりで、全体を上げることが出来なければ、会社として儲かるようになりませんよ、ということです。

あまりにも当然のことなのですが、こちらの企業はじめ、世の中では、このセオリーを無視して、悪戦苦闘している方が本当に多いのです。理由は大きく二つあります。

ひとつ目は、自分を客観的に捉えることが、想像以上に難しいという理由です。

頭ではわかっているつもりでも、「お客様から見てどうか…」という視点に立つことは容易なことではありません。

しかも、自分のことになると、ビックリするくらい見えなくなってしまい、ついつい自己都合で考えていってしまう経営者が非常に多いのです。

実際、作業指示書などを拝見する時、「来てもらいたいお客様にとって、興味をもってもらえる内容ですか？」と質問してみると、「う〜ん…。どうですかね、まずは売れることが大事ですから…」などと、お茶を濁したような返事がよく返ってきます。

自分の見込客と、実際の対象がズレてることに、本人も気づいているのかもしれません。しかし、確証がもてない、いや、確証をもってしまって間違いに気づくのが怖い…というべきかもしれません。

いずれにしろ、ズレた内容で店舗運営が行われ、そこに販促強化策が追加されたり、店舗改装が行われれば成果が出ない…ということになるのは火を見るよりも明らかです。

もうひとつ、悪戦苦闘する二つ目の理由は、本書の冒頭でお伝えしたとおり、「似て非なる活動」のやり方を「そうするもの」と思い込み、真似てしまうからです。

始末が悪いのは、中には、そうした違いを理解せずに、すべてごちゃ混ぜにして出来ない理由を並べる人がいるということです。

本やセミナー、ネットで聞きかじってきたことや、各主管部門の関連業者から聞いた「自部門にとってやりやすいやり方」と「社内の信頼感を高め、企業全体の収益力を高めていくやり方」とでは、まるっきり異質で次元が違うものです。

実際、先ほどのＳ社の場合、お会いする一年半ほど前からでＬＳＰを導入し始めておられました。

社長曰く、導入は主管部門の取引先から、他の企業でも効果がでている。という情報を聞き、あまり深く考えずに決められた。そうです。

ＬＳＰとは、レイバースケジュールプログラムのことで、人時を使った作業指示書のことです。ここまでお読みいただいた方ならお分かりになると思いますが、読んで字のごとく「人時」という言葉がついているということは、その意味や目的を理解できていることが大前提となります。

表面的にＬＳＰの導入ややり方を教わるのは構いませんが「教えてくれる人がいる間は何となく使えていた」というレベルと、「社内の信頼感を増幅させ、全社の結果を変えていく」のでは全く目的も出てくる結果も違ってくるということです。

念願のＬＳＰを導入して現場でやらせている。とお話しをお聞きしたのですが、正直な感想は、「これでは、社長が入り結果を後押しすることはできない…」というものでした。

たいへん失礼な物言いかもしれませんが、LSPをやってますといっても「やらせてる」という丸投げ発言時点でアウトであり、これが全体の数値を変えていく内容になっていないと判断したからです。

LSPツールの使い方の教えに従い「似て非なる活動」の真似を一生懸命やっていたS社は、自社のポテンシャルを活かすことなく、実に1年半近く迷走していたのです。

儲かるチェーン企業になるためには、まず「目指すポジショニング」を設定することであり、店舗経営実態の構図で言えば「Eゾーン」にしっかり定め、それにあわせ戦略を組み立てていくことに尽きます。

こうしたことを、手抜きせずにじっくり行うことで、収益力の高い企業として活躍する道が開けていきます。

店舗経営実態の構図①

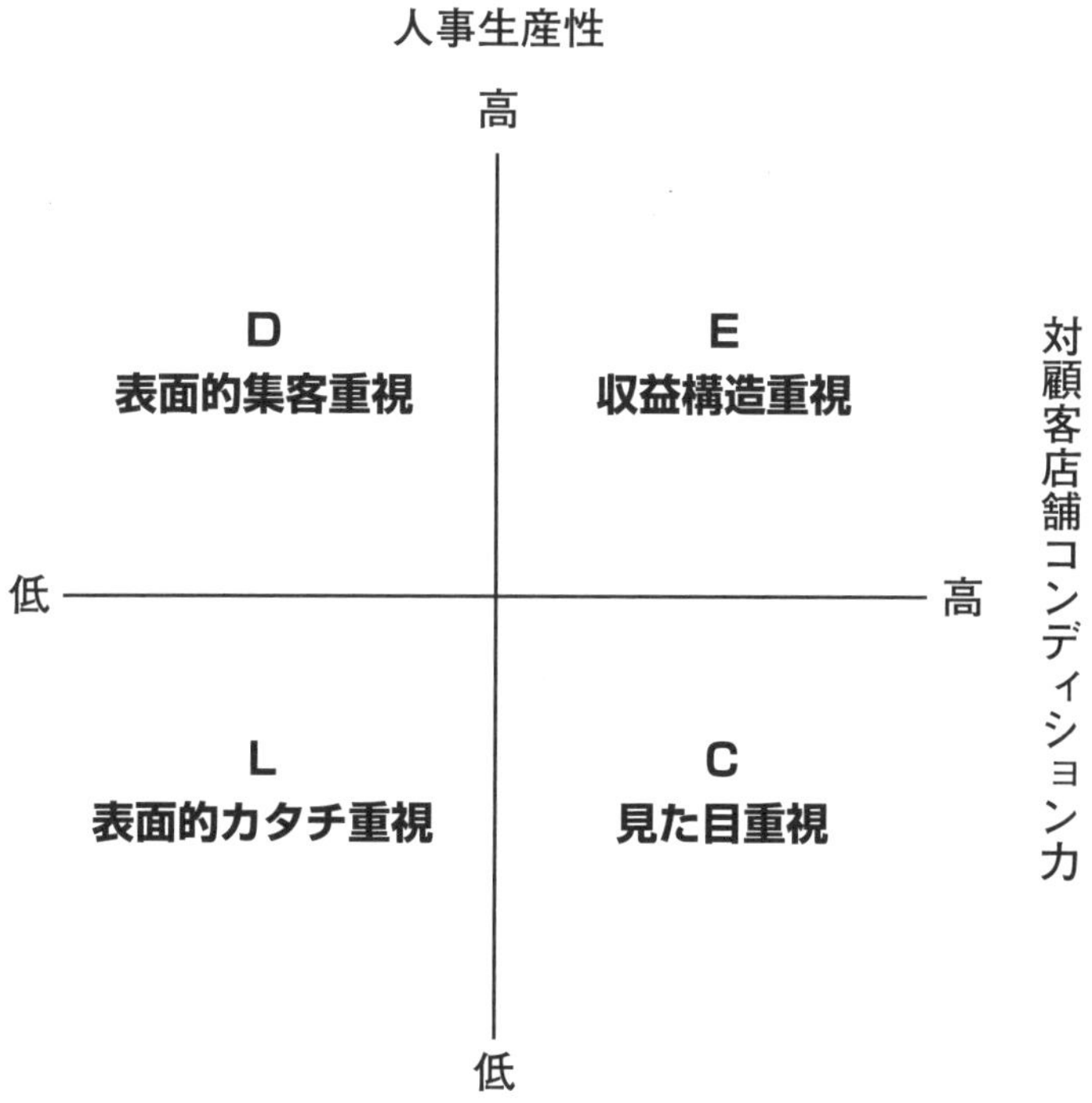

E … excellent　儲かる店
D … dollar　売れる店、ドル箱店
L … loser 売れない店
C … cost コスト高の店

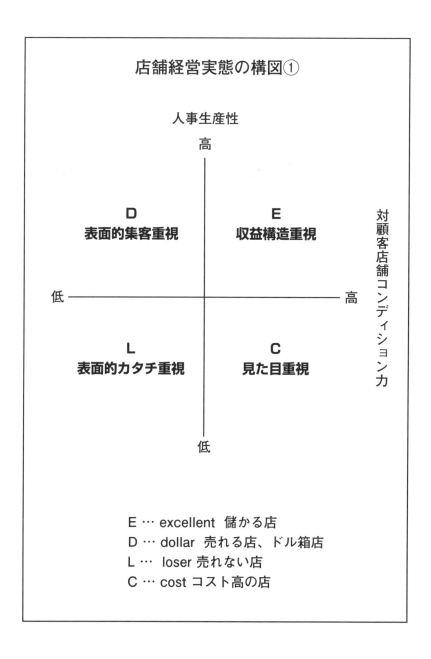

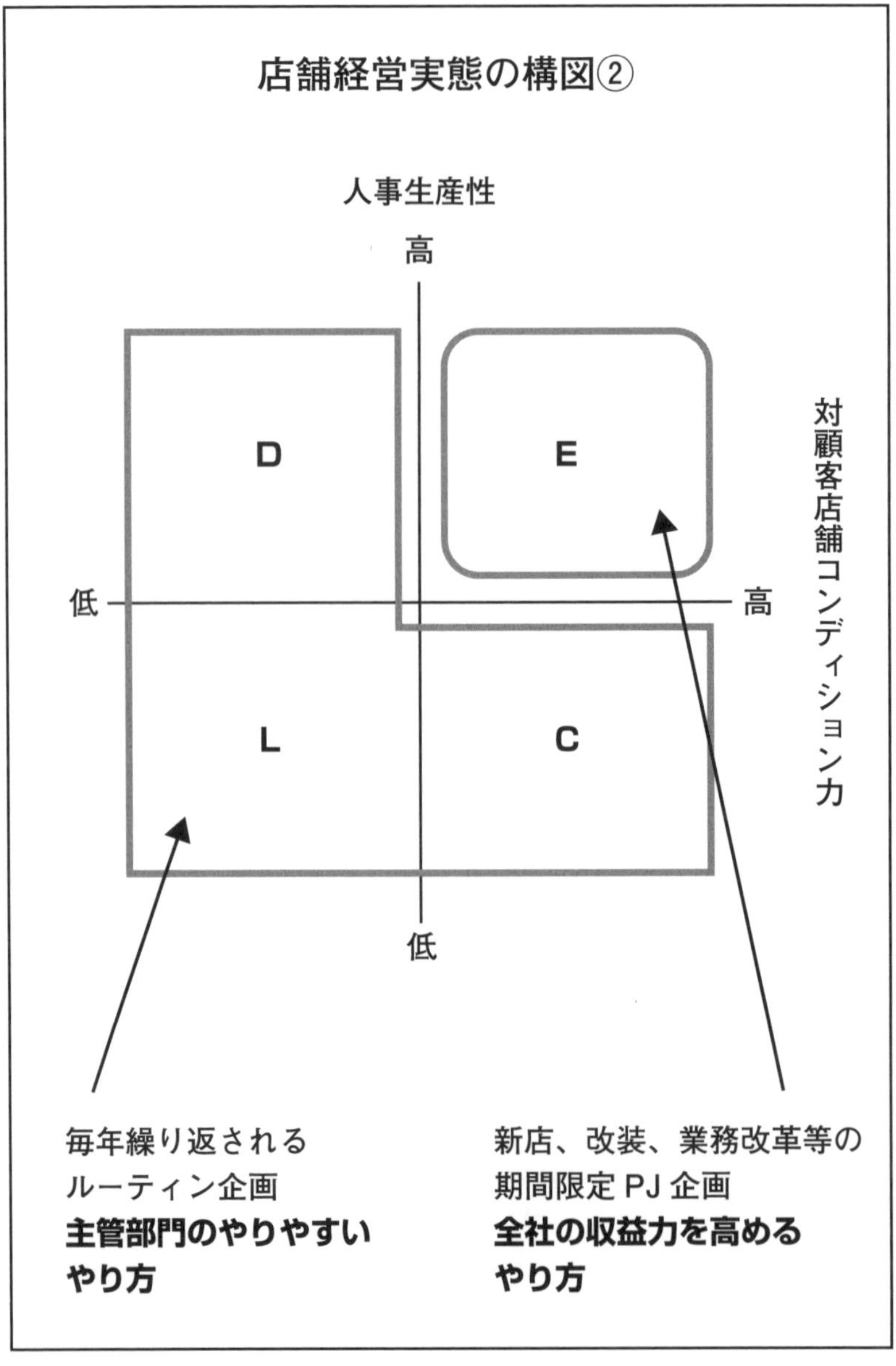
店舗経営実態の構図②
人事生産性
高
低
低
高
対顧客店舗コンディション力
D
E
L
C
毎年繰り返される
ルーティン企画
主管部門のやりやすい
やり方
新店、改装、業務改革等の
期間限定 PJ 企画
全社の収益力を高める
やり方

・ドル箱店の販促強化を、高収益企業が絶対にやらない理由

さて前著では、前職西友が長年の赤字状態から業務改革によって半年で黒字化し、その後ボーナスも出るようになり…というところまでお伝えしましたが、その後、チェーン企業の経営者の多数の方に影響を与えながら、実に興味深い展開となりました。

先のS社もそのひとつで、人時生産性に着手するにあたり、私が方針としてお伝えしたのは「営業利益を上げる方法を、主力事業で実現できなければダメですよ」というものでした。

主力事業とは、直営の小売り事業であり、つまり「本業で収益を上げる手法が社内にある」という意味です。なにか当たり前のように聞こえることですが、この言葉は実に厳しいことを意味しています。

詳しくは、後述しますが、店舗経営実態のポジショニングによって、その営業方法は全然違うものになります。

冒頭で説明したクマとイヌのように、「生きる方法が違う」くらいに、その活動方法も違ってくるのです。

S社の場合、歴史ある企業であったことから好立地に恵まれ、半ば放っておいても売れるドル箱店舗の割合が多い位置づけにありました。

その為、売場づくり見せ方といった、表面的なことの手直しをする程度でも、なんとか売上を維持してきました。

ところが、このようなケースの場合、人口増が後押しとなっていることが多く、この前提条件が崩れれば、ビジネスを成長させ、安定的に展開することが難しくなります。

人口増の後押しがなくなり、大勢の人を抱えた高コストのままでは、自らの力で利益コントロールすることは出来ない、ということです。

正直な話、短期間に成果が出やすく、楽な方法として移動スーパーなどで、「売ってもらう」考え方もあり、実際に展開もされていました。

ただし、長期的なビジネス展開で考えれば他人依存を高めれば高めるほどリスクになるだけに、「直営」は自らのビジネスの絶対条件となります。

新規顧客開拓を直営で出来れば、自分のビジネスを真にコントロールできるからです。

社長の意向として「本業を強くして地域に認めてもらえる企業の経営者として活躍したい。先代の背中を見て育ち、自分も立派な仕事をして、世の中に貢献したい」と実直な言葉を聞いて、安易な方法をお伝えするにではなく、厳しくとも、圧倒的に強い本物のやり方をお伝えしようと考えたのです。

社長にお伝えしたことは「販促強化で売上確保」をしても、それは「社長の仕事ではない」ということでした。

これには、「何を言ってるのですか?」と目を丸くして驚いた顔をされました。無理もありません。チラシを一回訴求すれば、初日売上は、悪くても2〜3%、場合によっては、10%以上にもなる話です。

これを「仕事ではない」と聞けば、驚かない方がむしろ不思議かもしれません。しかし、こちらもいい加減なことを言ってるわけではありません。しっかりと理由があっての話です。

もう少しわかりやすく言えば「それは、過去の環境で通用したこと」であり、今の状況下では、「本業の底上げをする主要業務にならない」ということです。

この言葉は、弊社にご相談にお越しになられた方々には、良くお伝えしていることなのですが、「メインではないが、それを決めるのも大事な仕事だから…」などと言ってると、何が本当に大事な仕事かわからなくなってくるので、無理やり一発で理解していただくために、こうした乱暴な表現を使っているわけです。

では、何が社長にとっての本当の仕事であって、業務改革とは何をすることなのか…。それは「本業とはズバリ、人時生産性向上」であり「人時売上が毎年一定の確率でとれるようにしていく活動」こそが業務改革の目的なのです。

・人時改善は、自社を題材にするからこそ意味がある

業務改革のわかりやすい具体例は「非効率業務」をどのようにするかです。

ただし、非効率といっても、特定の僅か数店の解決事例をすべての店でやっているかのように見せるのとは大きく異なります。あくまでも「全ての店の自社の非効率業務が題材」であることが重要なポイントです。

何が違うのかと言うと、全ての店を題材にするとなれば、当然、社長が主宰者ですから、全権を持っていることになります。つまり、各主管部に気兼ねすることなく、自分の思い通りに話しをすることが可能ということです。

簡単な話、社長がこのように進めていきたいと内容の話を積極的に行ったとしても、各主管部門から「それはちょっと難しいのでは」と言われることはないということです。

もちろん、そこでは、やるべきことを予め体系化しておかなくては、各主管部門から煙たがられることは当然あります。

しかし、各主管部門が自分の評価をアピールするDゾーンやCゾーンと違って、個店の収益構造を変えていくEゾーンの場合、店舗の人時売上を獲得できるかどうかは、極めて大きな意味を持ちます。

言葉は悪いかもしれませんが、Eゾーンを目指す業務改革プロジェクトは各主管部門の

既得権となっている活動予算にメスを入れるのに相性のよい「改革の場」だからです。

ところが、そういったことが判ると、参加メンバーは既得権を守ろうとして、部門予算を削減話がでようものなら、会社の売上にこんなにダメージを与える。といった動きになることも珍しくありません。

主管部門としては、効果の出やすいドル箱店や、見栄えの良い店のイメージアップ策をみせることができなければ、自己評価になりませんの必死にその正当性をアピールします。このため、人時生産性の話をいきなりされても、立場的に困るという事情があります。

要するに、「予算を持ってる主管部門に配慮してくれないと協力しかねる」という暗黙の了解の中で議論されているのが定例の会議体なのです。

ちなみに、業務改善をやろうとして、通常の定例会議で何かを提案する機会があっても、主催者でないため一過性で終わってしまいます。

一方で、業革部門の主催する業革プロジェクト会議であれは、結果にも大きな差が出てきます。

数字的なことで言えば、業務改革に携わるメンバーの力量にもよりますが、営業会議のような定例会議で年1、2回提案をしたとことで、結果は変わることはありません。

しかし、新たに業務改革部が業務改革プロジェクト会議を毎週一回開催し、年間52回改善提案ができれば、実施率5割としても、現状の20倍程度の効果は得ることが出来、営業利益率は概ね2倍〜3倍ぐらいに高まるという結果が出ています。

この数値に、「本当に？」と思われる方も多いかもしれません。

一般的には、「定例会議で、提案するほうが、角が立たずに上手くまとまる」と言われたりしているからです。

しかし、前職西友時代もふくめ、関わった企業の結果は、全くの逆です。

業務改革部門が、主催したプロジェクト会議のほうが、人時売上の改善率は、圧倒的に高くなっているのです。

理由は、「協調性」という事だけで見れば、たしかに「お互い協力し合って」のほうが、通常オペレーションのなかで回すことからスムーズにいくにちがいありません。

しかし、重要なことは「協調＝業績」とは、限らないということです。

後述しますが、そもそも、「収益構造を変え業績を変える」ことと「表層的改善で売上を上げる」とでは、やることはまるで違ってきます。

このことに気づいてない人が非常に多いのですが、表層的改善の延長上で、業務改革を行なったとしても、業績をかえることはできません。

現状の売上改善と銘打ってスタートしても、人時売上が簡単に上がるほど甘くはないか

らです。売上アップを謳っているうちは、「人時生産性改善ゼロ」のため、効果測定すらできないからです。

非効率業務がいくつか見つかって、人時が多少下がったとしても、それは「まぐれ改善」でしかないわけで、とても評価できる状態ではないのです。

あくまでも、業務改革プロジェクトで、少ない店舗人時で売上を上げることが出来るようになり、それを前提に比較し営業利益率が2～3倍になることを目標に、定期的プロジェクト会議を開催する大きな意味があるのです。

非効率業務を通じて、現場の実態に接触することが出来ますし、そしてそこから一定の確率で、不必要な業務を発見できるようになれば、売上依存から脱却することが出来ます。

それによって自社の努力で、人時生産性を引き上げ、ビジネスを大きく展開していく基礎が出来上がっていくからです。文字で書けば数行足らずのことで実にシンプルに聞こえますが、当然、それほど簡単なことではありません。そこには、お金も人手もかなりかかってくるからです。

店舗経営実態の構図③

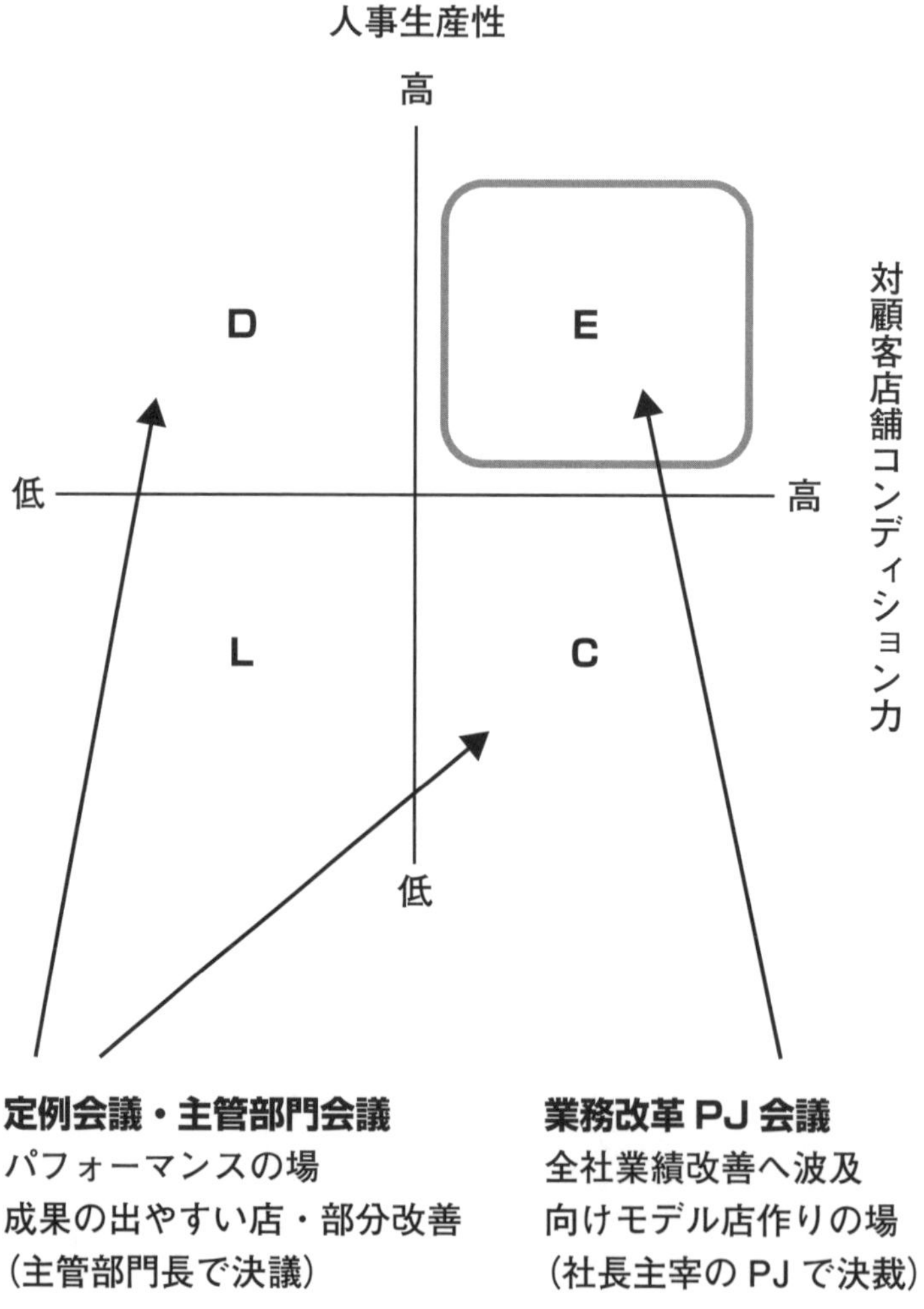
人事生産性
高
低
D
E
L
C
低
高
対顧客店舗コンディション力
定例会議・主管部門会議
パフォーマンスの場
成果の出やすい店・部分改善
（主管部門長で決議）
業務改革 PJ 会議
全社業績改善へ波及
向けモデル店作りの場
（社長主宰の PJ で決裁）

Ⅱ経営実態のポジションが違えば、生きる方法はまったく違う

・業務改革で誰もが苦戦する理由

企業の経営者に「業務改革に取り組んでみませんか？」とお話しする中で、どうすすめるのかということを伝えていく訳ですが、社長主宰プロジェクトのメンバーの他に、実際の実務を行う事務局を設置していきます。店舗の実態を把握し明確にしていくことは、想像以上に手のかかるもので、片手間で出来ることではないからです。

例えば店舗の作業時間ひとつとっても、おやりになったことがある方なら、それにかかる手間がどれくらいのものかご存知だと思います。簡単に言えば「ゲンチョウ」との戦いの世界です。ゲンチョウとは、現場に入って「現場で必要なもの」と「止めてもいいもの」を見極める現場調査のことです。

現場から抽出された課題に対し、限られた時間の中で効果を生み出していく根気とスピードのいる仕事です。

大事なことは、この「限られた中で成果を得る導線計画を立てる」ことであり、人時生産性の改善は、この現場調査のありかたひとつで大きく変わってくる、ということです。

実際に、業務改革チームは、まず店舗に行って、ヒアリングをしていくわけですが、各

売場から2～3人くらい集まってもらった方に対して、非効率という視点で、聞き取り調査をします。

食品スーパーであれば、青果、精肉、鮮魚、惣菜、グロッサリー、レジ、事務といった具合に、ざっと7部門とすれば、一部門1時間としても、丸一日かかることになります。GMSとなれば、これの3倍の部門がありますから、最低でも2日～3日はかかってきます。

それを、文章化して整理し、何が必要なのか、それにはいくらにコストがかかるのか?といったことを纏めプロジェクト会議で報告をして進めていく事になります。

これには、どれぐらいの費用がかかるかと言えば、ファシリテーターの進行役1名、書記2名の最低3名は必要です。

7時間×3名で21人時、集まった内容を整理し取りまとめるのに7人時、プレゼン練習に2人時、それに、各課題の裏付け調査に、21人時で、合計51人時が最低必要になります。時給2千円の本社員3人で一回約10万円かかってきます。

その他に課題項目ごとに、主管部門との打ち合わせに一項目1人時とします。しかし、利益相反するようなケースもあることから、多めの見積もり時間が必要となってきます。

各店舗では、一店舗100項目ぐらい課題が出てくることから、100人時＋αかかるとすると、トータル１５０～２００人時がかかるということです。これは、非効率業務を改善していくのに最低必要な人時です。

現実問題としては、提案をして、各主管部門から回答が返ってくるのが、２週間と考え、そこから、機材備品の調達であったり、入れ替え設定に２週間。さらにその後、改善が後戻りしてしまわないように、訓練体制まで考えると、企画から着地まで、一店舗当たり最短３、４カ月間はかかります。

この他にも、ＬＳＰの導入や運用サポートを含め、順次導入店を増やしていくことを考慮するとフルタイムで最低３名は専属で必要となってくる計算です。

本社員１人年収４００万とすると、年間１２００万は予算設定してくださいと申し上げています。

こういったことを言いますと「ええっ？」という声とともに、驚いた顔をされます。

ただでさえ、店舗では人が不足しているのに、プロジェクトに引き抜こうとするわけですから、心中穏やかでなかったに違いありません。

しかし、Ｓ社の社長の決意は揺るぎないものでした。「私は本業回復を目指すと誓ったのですから、ここは、腹をくくる時ということでしょう」と言って、その一週間後に、候補者のフルネームとキャリアが書かれた一通のメールが届いたのです。

一カ月後に、業務改革部を新設し、業務改革部長の下に副店長クラス３名を専任に人事発令されたのです。

プロジェクトの人件費に１２００万の予算設定？と思う人が多いかもしれません。

しかし、弊社では、非効率業務の改善に関しては「目標を1店あたり年間最低1万人時くらいにしてください」と伝えており、人件費換算すると１０００万円の削減になる計算です。

こうした高い目標設定にすることで取組み姿勢が変わり、進捗率が多少遅れても利益獲得を十分可能となります。通常では経験することのない、実績を変える成功体験こそが重要なこととなるからです。ＲＯＩ（投資回収率）に置きかえて考えてみれば、プロジェクトの人件費は、１２００万÷１０００万＝12カ月、投資回収1年という投資効果の高い取り組みであるといえます。

さらに、導入店舗数が増えるたびに、回収金額が積算され資金繰りが改善されていくわけで、10店舗で1億円、20店舗完了時には2億のお金が積みあがっているということです。このカラクリは後述しますが、店舗の人時生産性改善の場合、この目標設定が重要な意味を持っているということです。

・ひとつの経験が社員を大成長させる

Ｓ社の場合、最初の数回のプロジェクトは悪戦苦闘の連続でした。これは他の企業の場合も同様で、

・「取り組みがうまくいっても、プロジェクトで上手く説明できない」
・「話しの内容や説明はよかったが、いかんせん動きが遅く結果が出ない」

ということが起ります。

こうなってしまうのには理由があります。取り組み内容に集中してると、どうしてもプレゼンなどが疎かになってしまい「何を言っているのかチンプンカンプン」ということになってしまいがちです。

一方、取り組みの初期行動こそが大事なのですが、情報の取りこぼしの無いように目的を明確にし切り口の整理をしたり、調査のための、店舗の出勤調整や説明に没頭してると、中々スタートすることが出来ないのです。

こういった取り組みを何十回とまでは言いませんが、５，６回ほど経験すると、徐々に場慣れしてくるので、プロジェクト当日に話す内容も覚えるし、会議出席者の表情を読み

ながら反応がよさそうな内容に切り替えたりすることも出来るようになります。

しかし、プロジェクトがスタートして間もない頃は、よほど事前に練習を繰り返していないと、本番当日何を話していいのやら、頭が真っ白になって、アタフタしてしまうことも珍しくありません。

メンバーの中には、「自分は、店舗で大勢の部下の前で毎日話しているから大丈夫」と思われてる方がいらっしゃるかもしれません。実際、弊社セミナーに参加された担当役員クラス方の中で、「私は会議慣れしてますから…」と自信を見せていた方も結構いました。しかし、そんな方でも、当日顔色がみるみる青白くなり、額から変な汗が噴き出てまともに話せなくなってしまったという場面に、何度も出くわしたことがあります。

これは、先から申し上げているとおり。「定例会議で話をする」ことと「結果を変えていく場で話をする」ことでは、同じ発表でも、次元がまるで違う話だからです。当然、プレッシャーもまるで違うものになります。

そもそも、目の前に座っている参加者は、決裁権をもつ「社長や専務、常務さんたち」です。想像してみてください。とくに、オーナー兼社長を相手に、自分が物申すとしたら…。

店舗で大勢の部下の前で、話しているという方でも、それは、本部で決った連絡事項を「社員やパート対象」に話されてきた方ばかりだと思います。

会社からお金を出して、それを元手に利益を増やすことを決めていく「経営幹部」を相手に、私の業務改革プランはどうですか？とアピールしなくてはならないわけですから、当日の状態はご想像に難くないと思います。

実際に、始めの数回は惨憺たる状態でした。

しかし、プロジェクトの回数が５回、６回を越えて来たあたりで、変化が表れてきました。はじめてから８カ月が過ぎた頃です。

プロジェクト終了間際に、管理本部管掌の専務の口から、「説明の仕方はまだまだだが、提案内容は成果が期待できる」ということからいくつかの案件について、投資承認を得ることが出来たのです。

・営業利益率10％に手が届く現実

プロジェクトは、ＬＳＰの導入見直しからスタートしました。今回導入するＬＳＰは、調査方法、導入手順といった一連の流れに沿って、作業指示書を作成していきます。単なるシフト表ではなく、日々の作業量に合わせ、人員を配置していくようにしていきます。基本的にこれがあれば、今日の今の時間帯は、誰が何処で何をやっているのか？一元管理できるというものです。

通常ですと、一カ月もあれば準備が整い、二カ月目から稼働出来て、三カ月からは動かせるようになっていくものです。ところが、Ｓ社では、これが半年たっても動かなかったのです。一抹の不安と恐れていたことが起きていたのです。

当初３人と言っていたメンバーの人事発令が、ひとりしか発令されなかったのです。というのは、時を同じくして、社内で副店長が数名、退社することになり人事ローテーションを組むことが出来ず、もう少し待ってほしいと言って半年が過ぎてしまったのです。

こういった先送り体質が、過去の会社の体力を奪っていたことは明らかで、ここで、恐れていた遅れが発生し、人時売上の正しい数値すら出ないという事態が起きたのです。

問題は、運営部長がこういったことが起きていることを社長には報告していたものの「店から人を抜いたら困る」という周囲の意見に戸惑って決めることができなかったことにありました。

そのため、現場の非効率業務ヒアリング取りまとめまでは、順調に行ったものの、その先の取り組みが滞っていたのです。

店舗運営部は、対外交渉経験が少なく内向な人が多く、こういった問題が起きても他に相談せずに自部門だけでなんとかしようとする特性があります。

そのため、突然の退職があったりすると、管理本部や人事に相談せず、いる人間だけで何とか回そうとして、過重労働の原因を作り出します。

冷静に考えてみればわかることですが、ひとりの人が抜けたあとをフォローするとなれば残業が増えるはずですが、「なんとか工夫で頑張ります」といった精神論で残業ゼロに収めようとし、サービス残業の温床化するのはこのためです。

ところが、こういったことがあることは分かっていても、問題を顕在化する仕組みが無いため、定例会議等では議題に上がることはありません。

そのため、労基署の立ち入り検査が入って慌てて、気づき行政指導をうけることになるのです。

企業名まで公表されるリスクを考えれば、ワークルール違反を取り締まらなくてはならない立場の店舗運営本部が、その原因を作っていたといわれてもしかたありません。

前職の西友も同じことが長年くりかえされていました。

少ない人数で仕事をする。という意味が、全く理解されていないまま、無理に人時売上を上げようとしたため、残業時間の隠ぺいが横行し、何度も改善指導を受けていました。そういったことから7年間も低迷が続き、資金が底をつくまで業績が悪化したことは前述しましたが、このS社においても似たようなことが起きていたのです。

ここで申し上げたことは、退職者と業務改革は全て切り離して考えてください。ということでした。

社長から出された指示は、まず、店舗作業に穴が開かないように担当者を新規採用した上で、売場長を副店長の職位に昇格させ、そこから業務改革プロジェクトに人事異動するようにしたのです。

この結果、一時的には、店舗人時はふえたものの、その数カ月後には、人時売上を引き上げるチャンスを掴むことになります。

これまで、各ポジションで人に仕事がついていたため、その人が退職したら、なにか大きな問題が起るのでは?という見えないものへの恐怖心から、運営部長としても現状維持選択をせざるを得ない状況がありました。

しかしこの経験を通して、見えない問題の放置は、会社と各個人両方にとってマイナスになることに気づき、後に、大きな収穫となって返ってくるものになりました。

仕事柄、大勢の社長やその幹部の方々を見てきましたが、いつも感じるのは、上手くいくという人は、本人が望むと望まざるに関係なく、「なぜか、こうした覚悟を決めざるを得ない境遇に追い込まれる」ということです。

もちろん、ご自分の強い意志で、覚悟を決める方もいます。しかし、どちらかといえば、追い込まれる方が不思議と多いのです。

「覚悟を決めて、事にあたりはじめた人は、必ず結果がついてくる…」ということです。これは、真面目に仕事をやるとかそういう次元の話ではありません。

逃げ場がない状態、文字通り「背水の陣」になると、本人も驚くような凄い力を発揮する。ということです。

そして、もう一つ興味深いことは、人時生産性の取り組みをはじめますと、必ずと言っていいほどご褒美が与えられるという点です。

企業成長を大きく左右するのに重要なことは「社内人材の発掘」です。

理屈で考えれば、最初は何でも幹部社員で考えて、成果がある程度だせるようになってから、そのやり方を若手に伝授して…というほうが筋は通りそうなものです。

事実は不思議なもので、プロジェクトに招聘された副店長候補が、店舗現場に食い下がって調査を続け、店の人時を引き下げる方法をいくつも見つけ出してきたのです。

本人の希望もあり次の人事異動で、店長に抜擢したところ、その店での活躍も目覚ましく、今まで、最下位だったその店舗の人時売上を一気に全店トップまで引き上げる数値をたたき出したのです。

覚悟を決めた、社長の姿と自分を重ね合わせ、人時生産性に興味を持ち夢中になってやってくれたのかもしれません。

理由は定かではありませんが、事実として、こうしたケースは経験則的によくあるものです。

気づけば、プロジェクトスタート時マイナスだった全社の営業利益率は、4倍以上の4％台まで回復していました。

しかし、企画の取り組み進捗状況は3割にも満たないことから、残りの達成率如何んによって、は営業利益率10％に手が届くのも夢ではないということです。

第3章

儲かるようになるための正しいチェーンストア像とは？

Ⅰ経営実態の構図と人時生産性の仕組み

・売上と人時売上どちらを取るかで商売のやり方は全然違う

S社の社長は、この逃げれない状態を機に業務改革と立ち向かうことが始まりました。店から出てきた非効率業務は100項目を越え、これを改善していくためにはどうすればいいのか…。

運営部長は業務改革部のメンバーと話をしながら、突破口を探り、2カ月間練りに練った、業務改革の導線計画書がつくられたのです。

この業務改革の特徴は、人件費を人時に置きかえ、店舗業務にどれぐらいのコストがかかっているかを明らかにしていくという独自の手法にあります。

この仕組みにより、利益に結びつかない業務を止め、少ない人時で回すことを可能にします。さらにそこで生まれたコストを活かし、自社のサービスや商品販売力を高めていくことができるという、大きなメリットがあります。

そして、この改革体制づくりのキーポイントは、各主管部門の前年比並みという固定化されてしまっている活動経費を、人時生産性を向上させる使い方にどうやって、変換させていくか？ということです。

重要となるのは、長年やってきた、社内常識という立ちはだかる壁を乗り越えていくため、導線計画をつくり主管部門を動かすことにあります。

社長は、この非効率業務改善に、大きなメリットがあると直感し、「稟議・決済」まで手順を前提とした柱となる企画作りを指示し、社運をかけ改革に動き出したのです。

さすがに、地元で名を轟かせる企業を継がれた社長です、果せるかな、１００項目の取り組みに対し半年で、その半分の50項目まで見直しさせることが出来たのです。

社長にとって一番の成果は、業務量を減らし、人時売上を引き上げる成果を残すことが出来たことです。

しかし、もう一つ大事な成果は、非効率業務改善をきっかけに、「自社の弱点と向き合うようになった」ということです。

これまで、社長から言われ仕方なくやって、何ひとつ変わることが無かった形式的なカイゼンから、自分たちが立てた計画から結果を出せるようになった、ということです。

このことは「何度でも再現することが可能」ということを意味しています。もちろん、簡単なことではないことは言う間でもありません。

しかし、業務改革チームメンバー自ら調査を行い、プレゼンテーターとしてプロジェクトで説明し、共感した主管部門が動き、作業人時が減り店からも感謝される…。

「夢に見た、理想の店舗運営への第一歩が…。これをやりたかったんです。ありがとうございます」という社長からの一言を聞いたとき、思わず目頭が熱くなるものがありました。

自分でやり抜く方法を覚えた社員は本当に強くなります。最初はヨチヨチ歩きでも、自分の足で立ち上がり大地を踏みしめ、そして力強くしっかり歩けるようになるからです。一度は、挫折しかけた業務改革でしたが、この業務改革チームの奮闘により、チームメンバーに強烈な自信が宿っていったのです。

困難な課題と対峙した時も、物怖じすることなく、「ご安心ください、こういう方法で進めていきます」と言えるような人間に成長したのです。

こうした変化により、その一年半後、なんと2割以上の人時数を削減しても回せるようになり、その後も、新しい提案しながら活き活きと働くようになったのです。

・なんでもコストカットから始めていないか

さて、コストの話、つまりお金の話でいささか恐縮ですが、やはり読者のみなさんにとって、非常に興味があるところだと思います。

実は、S社の社長に、生産性の高い企業を目指す…という話をしたとき、「億単位の利益改善を越えてようやく入口です」とお伝えしました。

これは、前職時代も含めて、仕事柄多くの経営者の方と関わっていますが、本当に実力があって行動力のある経営者であれば、年間数億の利益改善は、驚くほどの金額ではない…というのが正直な感覚だからです。

毎年5億〜10億を生産性改善で生み出し活躍されている経営者の方ともよく会います。

但し、彼らの目はいたって普通です。

それだけ毎年利益更新している人だったら、「メディアや講演に出て凄いのでは？」という質問を受けることがあるのですが、むしろ、創業者でもないのに、そんな派手なことを演じて、企業業績の良い経営者は見たことありません。

冷静に考えてみればわかることですが、経営者は、自分の事業の成長が仕事ですから、自分がスポットライトを浴びて、注目を集める仕事とはまるで違うからです。

本物の経営者は、社内で実務指導することが仕事ですから「ビジネス」としてまともな恰好をしっかりしている人ばかりです。

実績もでていないのに、大風呂敷を広げたようなことを言い続けることは、その会社の足をひっぱることになるぐらい、誰でも判断がつくでしょう。

ですから、まともな経営者ほど、自然体の行動ですので、やたらと目立つ言動や行動をされているとしたら、本物の経営に向いていないと断定してもいいくらいです。

ちなみに、違いは見た目だけではなく、よその経営者からの扱いにも現われます。芸能やタレント系のスポットライトが好きな方は、メディアからの対応は丁寧でも「チヤホヤ」の扱いですが、大切なビジネスパートナーやかけがいのない従業員には、畏敬の念を持って重く扱われます。

ここに経営者としての価値、やりがいが大きく表れてくるのです。

重要なことは、経営活動の対価として、一流企業なみの利益率を得ることができてるかどうか、ということです。

チェーン企業と称する限り、店舗事業の利益率向上がメインでなければ、そこに嘘があるからです。

S社の社長から「今年の数値はまだ確定ではないのですが、なんとか取組み前の4倍ぐらいの営業利益率が確保できそうです」とご報告いただいたのですが、これは正真正銘、業務改革で人時生産性改善によって達成された数値です。

本格的な活動を開始して約3年が経とうとしている今、本物の儲かるチェーン企業の入口に、実際に立つことが出来たのです。

この4倍が多いか少ないかは、本書をお読みの方のご判断にお任せしますが、お伝えしたいことは「努力はもちろん必要だが、4倍の利益を得ることは、手の届く現実」であるという点です。

要するに、この企業だけの特殊な例や単なるラッキーなどではなく、きちんと準備を行い、手順どおりに業務改革活動をおこなっていけば、「4倍、5倍の企業に経営者となって活躍することは、決して夢ではない」ということです。

実際、弊社が関わった企業で、4倍の水準に届いている企業は、他に何社もあるからです。

念のため断っておきますが「儲けている企業が勝ち」などという、低俗な煽り話をしたいのではありません。本当に活躍している人は、従業員やその家族から熱烈に支持され、多くのお客様から声がかかり、期待される…という事実を知っていただきたいのです。

数百万をかけても、その対価以上の生産性改善の成果を求め活動し続けることで、社員一人一人が活躍し、各々のその収入も増えていくのです。

我々は、常々コラムをはじめセミナーなどに於いて、「どの企業においても、必ずといっていいほど、独自の知識・知恵・文化が宿っています」と申し上げています。

真面目に仕事をしてきた人、現場で歯を食いしばって頑張ってきた人が活躍し、報われる企業になっていていただきたい。

なぜなら、その積み上げてきたノウハウこそが、これからの日本のチェーン企業を大きく成長させる原動力になるからです。

本物の成長チェーンを望むのなら「生み出した資金で、社員が成長し、顧客を増やすことができるようになる」ことは非常に重要なことです。

逆に言えば、これができなければ、実に不安定な経営状態になりかねないということです。

生産性改善を始めたけれど、コストカットの話ばかりで、お客様を増やすことが出来ないまま、辛酸をなめないようにするには、この入口を間違えないということです。

・部分最適から脱却出来ない理由

さてこれから、人時生産性の業務改革方法についてご説明していきますが、その前に、「なぜ、チェーン経営で「自らの個別業務を見直す必要があるのか」という点について、その根本的な理由をご説明いたします。大前提が理解できていないと、効果的に生産性を上げていくことが出来ないからです。

本書の冒頭で、企業の収益構造の改善と、他の似て非なる施策とは、「クマとイヌほど違い、生きていく方法も違う」ということをお伝えしました。

なぜ、このような例を引き合いに出したかと言うと、「店の経営実態の区分と主管部門の施策とは密接に紐づいている」からに他なりません。逆に言えば、「主管部門の施策によって、店の経営実態の区分が決定される」ということです。

ご相談にお越しになられた方に、このことをお伝えすると、まず、「え？」という反応が返ってきます。「主管部門のやり方によって、店の仕事が決められてしまうなんて、聞いたことが無い」という表情です。

一般に、「営業は店舗運営」、「企画は主管部門」といった感じで、分野ごとに専門的に分けて考えるのが当然と思われがちです。企業の部門構成を見ても、「管理本部」「商品本部」「販売促進部」「開発本部」「店舗運営本部」など、機能別に分けられていて、営業や企画は独立した部門になっていることが大半です。

こうしたこともあってか、世の中では、営業や企画はそれぞれ、独立的に考えるのが特に不思議ではないように思われています。

ではなぜ、多くの企業で、機能別の部門構成をとっているのか?ということです。これは、組織が大きくなり、そこに携わる人が多くなったため「結果的にそうしたほうが、不具合が少ないから分けている」という理由があります。

しかし、機能別に分けた時の最大の弱点は、「全体最適ではなく、部門ごとに個別の最適化を考えてしまう」という問題があります。

分かりやすく言えば、店舗運営は店のことだけを優先して考え、会社全体より、自分たちにとって都合のいいように考えて行動しがちという問題です。「そんなことはない…」と思われる人もいるかもしれませんが、実際、店舗運営部で、「キャンペーンの売上目標を達成したら、その担当者にはボーナスを2倍だす」と煽ったらどうなるか?

短期的には、間違いなく売上は伸びます。ボーナス欲しさに必死に売るからです。

ただし、長期的に見てこの企業が伸びるかどうかは、極めて疑問です。売って報酬を得られた担当者は、大喜びですが、もし、値引きで大量に売ったとすれば当然、粗利も少なく、会社にとってそれほど貢献もありません。

レジや事務の作業をしていた担当者からすれば、自分たちはいつもより忙しかったけれど、ボーナスに反映されない…と不満に思うかもしれません。

そもそも、無理に売り込んでいる可能性が高く過剰在庫を抱え、あとから、取引先や、社内からクレームがくるといったことも考えられます。

要するに、「無理して売った」場合、さまざまなところに必ず問題が出てくるということです。営業を店舗運営だけで考えているところに、大きな問題があるわけです。

全社的に考えれば、もっと長期的に取引先・顧客を増やしていく方法を考えていく必要性があることは言うまでもありません。

たとえば、商品部と販促と物流、企画、店舗運営部、お客様相談室などが、ひとつのチームになって、お客様を増やしていく活動をはじめたとしたら、一時的な売上を追うことは、まず考えられません。

販売促進部の人が「こうしたほうが売上も上がる」と主張したとしても、店舗運営部でチラシ準備に人時がかかり人件費予算超過してしまうと考えれば、待ったをかけるからです。

一方で、物流の担当者が、「トラックの輸送効率をあげればコストが下がる」と主張したとしても、「お客様が必要な時間に納品できない」ということであれば、店舗運営部から、当然待ったがかかります。

事業運営は、お客様の心をつかみながら、提供する商品・サービスによって対価を得る行動ですから、単純に1＋1＝2になるような話などどこにもありません。

全体として最適に近い状態になっていくように包括して考え、さまざまなトライ＆エラーを繰り返しながら、活動していくのが経営にほかならないからです。

Ⅱ 間違いだらけの人時売上活用法

・売上対策を切望する企業ほど生産性が低い理由

ビジネスは全体最適で考えなければならない…。このことを前提に考えるとき、「会社全体を一つの単位とし、考えて行動する」ことができれば、理想に近い状態になるのは誰にもわかると思います。もちろん、多くの人が関わる企業で「全従業員がひとつの単位として動いたり考えたり」ということは、ありえない話です。

現実問題、規模が大きくなればなるほど、「チェックするだけ」とか「計画を立てるだけ」「電話対応だけ」、「購買だけを管轄」など、どんどん理想から遠のいていきます。

しかし、企画毎に結果をだすプロジェクトのようなユニット制や、目標達成度を重視した分社化やドメイン制などは、少しでも理想に近づこうとする試みの現われと言えるものです。

理想とはまだかけ離れているけれど、少しでも近づくためには、どういった制度にすればいいのか?

それだけ、企業にとって全体最適で動くことが重要であり、その実現が難しいということです。

さて、ここで考えてほしいことがあります。「ほとんどの小売り企業は、従業員をたくさん抱えている」という事実です。従業員数が少ない企業の場合、大量の商品を動かし回していくことは難しく、そのことがネックになりますが、チェーンビジネスであれば、もともと人がいるので、環境の変化に応じで、動かすことができる、ということです。

つまり、人件費という固定費的な弱点はもちろん抱えているとしても、ビジネスの構造的な面で言えば、非常に有利な面を持ち合わせているともいえるのです。

これは、とても重要なことです。ビジネスの優位性とは、規模の大小ではなく、「事業＝ビジネスモデル」だということを、正しく理解しているかどうかだからです。

ちなみに、ここで申し上げている「事業」とは、表面的な業種業態ではなく、本質的に、どう収益をあげるカタチなのか、ということです。見た目と実質では、大きく違うことがあるわけです。

たとえば、業種区分では同じでも、収益モデルはさまざまで、自社開発した商品を中心に独自性を出してやっている業態もあれば、商品仕入れ販売をしっかりやって成り立っているところや、家賃収入によって成り立っている業態もあります。

国内最大小売企業のイオングループと、仏の高級ブランドＬＶＭＨグループでは、収益の上げ方はまるで違います。

ちなみに、ＬＶＭＨグループの２０１９年間売上高は６兆４千億円でイオンの８兆６千億円とほぼ同じくらいです。

では、収益率も規模に比例しているかと言えば、かなり違ってきます。イオンは57万人の従業員数で2千億の営業利益を、ＬＶＭＨは16万人の従業員で1兆3千億の営業利益。つまり、ざっと6倍以上の効率で事業を行なっているということです。

国内最大の小売企業であるイオンより、収益力が優っているということ、これは注目すべき重要なポイントです。

表向き同じ業績に見えても、収益の上げ方、つまり「ビジネスモデル」がまるで違うということを意味しています。

大切なことは、業種や業態の違いよりも収益の上げ方、つまり「ビジネスモデルはどうなっているのか」ということです。この着眼なくして、「同じ業種だから似たような事業」と思っていると、事業を成長させるポイントを見逃してしまいます。

簡単な話、家賃収入がメインの事業の場合、店の空き区画が売上に直結します。共有部分のクリンナップやメンテナンスであったり、館トータルの販促企画も重要です。

また、すぐに入居してもらうには、今話題の業種や、業界トップの企業との日頃のお付き合いが重要となります。

ライバル施設に競い合うためには、常に欠落業種を入れるための設備投資や、家賃を下げてでも入ってもらう事を考えると、別の収益源を確保しておくことも重要になります。

一方、自社開発した商品や仕入れ販売を行う事業では、「商品品質」「品切れがない」「店員の接客態度」「商品知識」「クリンナップ」といった店舗コンディションの良し悪しが、来店状況に直結します。

このように収入面では様々な違いがありますが、注目すべきはそれらを支え足腰となる販管費にあるという点です。

そこで最も大きいのは人件費とお分かりになると思いますが、実はポイントなるのは次にくる施設管理費だということです。

施設管理費は大きくは自社の土地に建物を建て展開するいわゆる自社物件パターンと、土地を借りて展開する建設協力金方式2つのパターンに分かれます。

自社物件のメリットは、家賃が無い分、販管費は圧倒的に低くなることから、その分、利益が残る計算になります。しかし、土地購入にはお金が掛かるため、出店スピードが遅くなります。

その昔、大手チェーンが地方に進出しても、低価格を武器に、地元スーパーの牙城を崩すのが難しい時代がありました。

自社で家賃がかからない上に、人件費を安く抑えることができたため、その分、商品価格を下げ優位性を保つことが出来たからです。

しかし、労働人口の減少と、労働基準監督署指導による労働環境の健全化とともに、人件費は上がり、自社物件比率の高い企業でも販管費上昇で利益創出に悩まれる企業が増えています。

今のままでは、ビジネスとして成り立たなくなるのは時間の問題で、競い勝つためには、増え続ける人件費をいかに正しいやり方で、引き下げることができるかが重大なテーマとなります。

さらに、出店をかけ成長していくためには、人時戦略やレイバースケジュール活用といった、土地を借りて出店しても、利益が出せる仕組みも必須となってきます。

どこへでも出店でき、利益を増やすことに打って出ないかぎり、シェアは奪われる一方だからです。

「うちは、自社物件で手堅くやってきたし、この先も既存店舗で…」といった姿勢でいると、気づけば、破竹の勢いで出店する競合やシェアを奪いにくるネット通販に四方を囲まれ、ビジネスとして成長のチャンスを失うことになりかねないからです。

大事なことは、事業とは、あくまでも、表面的な業種や売上規模だけではなく、収益性であり、生産性を基にした収益構造に立脚していくことで、その成功確率は大きく変わってくるということです。

では、これまで、あたりまえと思われてきた、売れる店・見栄えの良い店について、ひも解いていきましょう。

・店舗経営実態のゾーンによって改革手法も違う

ビジネスモデルによって、顧客対象も商品・サービスも、店舗運営のやり方も大きく変わってきますが、これには大きな理由があります。商売の原則は、自社のお客様を増やしていく活動に尽きるからです。これから先「顧客視点でビジネスを考える」とき

「どういった顧客を対象とするのか」
「その顧客に好まれる、どんな商品・サービスを提供するのか」
「その商品サービスをどう買ってもらうのか」
「そのために経営基盤の下支えはどのようにしていくのか」

という一連の流れを、しっかりと考えて展開していくことが重要となります。もし、この流れに断絶があれば、上手くいくものも難しくなるからです。

誰が考えても当然のことなのですが、重要なポイントは、「この流れを断絶するようなことをすればマイナスになる」ということを、事業展開してる人がしっかりと理解しているか、ということです。

さて、賢明な読者のみなさんなら、もうお気づきのことと思いますが、実はビジネスモデル的にはおおきな違いが存在しています。今、ご説明してきたとおり、その違いとは、

すなわち収益方法の違いにも直結することです。

具体的には、「4つのゾーンで、どのような違いがあるのか…」。この構造的な違いを知っていなければ、収益性においても効果的な方法を取ることができないどころか、場合によっては、「やればやるほどマイナス」のことを、一所懸命にやってるいるかもしれない、ということです。

前述の経営実態の構図の中でも、とくに注目していただきたいのは、上段のDとEのゾーン、つまり生産性の高い系のところです。右から

Eゾーン「生産性も、対顧客店舗コンディションも高い収益店」

Dゾーン「生産性は高いが、対応が間に合わず、対顧客店舗コンディションの低い収益店」といった違いがあるゾーンで、Dの代表例としては、「駅や公共施設等の集客施設が近くにある」「利便性の高い店舗設備を有する店」「売れる日中心の商売」といったものが挙げられます。

一方のEゾーンの代表例は、「立地に関係なく安定した店舗コンディションの提供店」「人時売上重視の商売」「全ての自社店で対応できる仕組みで運営」といったものが挙げられます。

細かくはゾーンの中間に近いような企業もあると思いますが、ざっくりゾーンによる違

いを申し上げれば、「Dゾーンは、コストも高いが売上もそれなりに高い店」「Eゾーンは、売上の高低というよりコストをそれに合わせることが出来る店」という違いがあります。

ようするに、半ば放っておいても利益が出る店なのか、企業の仕組みと努力によって利益が出る店なのか?といった違いです。

・なぜ、Dゾーンの店舗をモデルにしてはならないのか

ここで、考えていただきたいのは、収支面で考えた場合の違いです。先に顧客対象・商品・収益方法はセットで考えなければ…とお伝えしました。Eゾーンと、Dゾーンでは、顧客対象が違うのですから、当然商品特性や方法にも違いがあるはずです。この違いを考えましょう。ということです。

たとえば、Dゾーンの主たる対象は「利便性を求めた不特定客が多い」ことから、「売場のわかりやすさ」であったり「会計の速度」や「クリンネス清潔感」といったことがテーマとなってきます。

一方のEゾーンの代表例は、「いつでも、欲しい分だけ買うことを求める固定客が多い」ことから、「品切れ」「商品の鮮度」「接客態度」がテーマとなってきます。

これは、実際に新企画の導入や、人事異動や組織変更を行うとき、「店舗ごとの特性を、社内で予め知っておいてほしい」という企業側として反映した情報と言えます。

決定的な違いとして挙げられるのは、Dゾーンの店舗場合、主管部門は売上高を基準に判断するため、多少無理をしてでも売れるやり方を提案してくる、ということです。しかも、その活動は予算範囲内であれば、主管部門長の職務権限で決めることができます。

ある意味毎年繰り返されるルーティン業務でもあるので、先にやる店を決めて、年間日

程を組むほうが、主管部門長にとっても都合がいいからです。

このため、Ｄゾーンに区分けされる店舗の、店長は「うちの店舗を投資対象の店舗に選んで欲しい」と運営部長や主管部への根回し活動が、店の成績を上げるのに有効となります。

根回しとマンパワーで売上を作っていくやり方ですが、これで売上実績がとれれば、「あの企画は大丈夫だろう」と横展開が進んでいく訳です。

これによって主管部門の実績は上がるため。運営部長と主管部門で選んだ店のあり方が活動の中心になります。

では、Ｅゾーンの店舗の場合はどうでしょうか?経営者や決裁権を持ってる人に対して、提案するのが仕事になりますから、全体の収益がどうなるか?と言うことが重要になってきます。

ここで、読者の中には、「Ｄゾーンの場合も全体に拡がるのだから、それでもいいのでは?」と疑問に思われる方もいると思います。売れるものをクローズアップする共通のやり方があるなら、その方が楽だし得策ではないかと。

結論から言えば、「人時売上が上がるのであればアリ」とお答えします。

ただし、現実的には、各店ごとに合ったものであれば有効なのですが、Ｄゾーンの売れる店に合わせた仕様の作りが多く使いにくいのです。

たとえて言うなら、特定メーカーが主力商品を目立たせるための、大型販促パネルや、通路にはみ出し置かれるような出っ張り什器のようなもの、といった感じのイメージです。メーカーのもつ独自性やユニークさを活かし売れてるDゾーンの店向けに設定されているがゆえに有効なのであり、これを売れないCゾーンやLゾーンの店に置いて、展開しようとすると、「なにこれ?」的な感じになってしまうわけです。

実際、先のS社でも、食品のグロサリー定番商品棚の上部には、90センチ幅の様々なメーカー作成のパネルが、端から端までずらりと取りつけてあり、その下には、それとは異なるメーカーの商品が陳列され、何がおすすめなの?っという状態でした。

さらに、こういった売れる店向きツールをつかうことが難しい理由に、「取り付けたその効果測定が出来ない」という問題があります。

前職時代もこの問題は、積極的に導入したい商品部・販売促進部と手がかかるのでやりたくない店舗の間で賛否両論があり、何度も議論を重ねてきました。人時生産性の視点で、どのくらい作業時間がかかるのか、取り付け、取り外し、廃棄にかかる時間であったり、出っ張り什器による複数展開の商品補充に要する時間を計測するも、売上が見えない為、生産性の根拠が出すのが難しいのです。

やむなく、全て取り付けてみた時と、全部撤去した時何がどのように変化するか?をシンプルに見ていくことにしました。

意外だったのは、全ての販促ツール取り外したときの方が「売場のわかりやすさ」「品切れ」「価格の安さ」といった対顧客店舗コンディション調査評価項目で点数が高くなるという想定外結果だったことです。

対顧客店舗コンディション調査評価が上がらないことに、手をかけるのは、無意味ということで、最終的に社内で個店用に制作したもの以外は使わないように変更した経緯があります。

興味深いのは、S社限らず、ご支援させていただいている企業のほとんどで、最初は、数多くのメーカー持ち込み什器や販促物が店内に取りつけられていますが、こちらが何も言わなくても、その数が徐々に少なくなってくる。ということです。

これは、「何にどれぐらい人時をかけるのか意識し始める」ということと、「現実問題、効果の見られない作業はすぐに止める」仕組みが定着し動き始めたからと言えます。

人時のことを理解できるようになると、何でも完璧に調べなくても、おおよそ見当がつくようになることから、明らかに不釣り合いな販促物や什器が減り、すっきりした売場になっていく効果があると言えます。

●店舗経営実態ゾーン別「改革手法」の違い

実態	Dゾーン 売上も高くコストも高い店	Eゾーン 収入に合わせ コスト調整できる店
費用	主管部門の年間予算内で 決済	店舗運営のムダから抽出 された資金を活用し決済
対象店	効果の出やすい店舗が中心	全ての自社店舗が対象
内容	従来型の規格化された内容	個店毎に改善する仕組み化 された内容
目的	現状維持のための経費	全社収益力向上のための 投資
決裁 方法	定例会議・主管部門会議	業革プロジェクト・社内稟議
思惑 背景	主管部門の評価向上	店舗の人時売上向上

・無理やりCゾーンで売らされる悲劇

こうした、ゾーンによる違いを踏まえずに、「売れてる店の形ややり方を真似れば売れるはず」と安易に考えてDゾーンのやり方を真似したり、主管部門や運営部長が「他社の話題の店を見て回ったりしてると、無理やりDゾーンに合わせようとする」ということが起きます。

本来、各店向けに、示された人時売上目標や、対顧客店舗コンディション数値に対して、どう改善していくというのがもっとも自然なのですが、「似て非なる店舗の真似」をしてしまった場合、実に悲しい結果に見舞われることがあるので注意が必要です。

先に、Dゾーンの特徴は、「主管部門との根回しで決まる店」と申し上げました。

売れてる店だけに、「斬新的な売り方見せ方」や「売上確保のための商品ボリューム」で見せて目立つことが求められます。

これと同じことを、CゾーンやLゾーンの店にやらせればどうなるかということです。売上が上がることが第一とすると、「手間をかけ売場を作れば、売上利益はついてくると…」まことしやかにありもしないことが、ささやかれ収益を悪化させることになるわけです。

冒頭でご紹介した、「儲からずに困ったチェーン企業」の話のとおり、やるべき収益向上策が間違っていれば、状況はますます悪化するということです。

売上を上げるといった、取引先の商品企画や、システム化提案でコミュニケーション改善の話があったりしますが、あくまでDゾーンを対象とした話であって、CゾーンLゾーンの店では逆効果となることばかりだということです。

主管部門の人にとっては、新商品企画、システム化、話題性つくりといった、Dゾーンでの仕事は本業です。

しかし、「仕事の本業」と言う言葉の意味を正確に捉えて共有し、自社のビジネスモデルはどうなっていくのかを理解しておかなければ、危険な真似事になってしまうということです。Dゾーンのお店をピンポイントで「見せて」「目立つ」ことは、企業を有名にするには、有効です。しかし、Eゾーンでは、有効ではないのです。

本当にお客様から支持を得られるチェーン企業、つまり、Eゾーンの本業を支える仕事になっているのか、本当に、確かめなければならないのは、そのポイントだということです。

いずれにしろ、対顧客店舗コンディション向上に向け、しっかり取り組まれている企業が、まだまだ少ないだけに、Eゾーンを目指す企業経営者は、それと相性の良い人時売上の活用法を身につける方が、現実的ということをしっかり押さえておいてください。

第4章

繁盛するために絶対押さえるべき収益モデルの原理原則

Ⅰ人時生産性を目差す企業が持つべき、三つのツール

・人時売上力の根源とは何か

さて、チェーン企業が、新規顧客開拓をしていく力を強くしていくために、まず押さえておいていただきたいことがあります。

それは、「人時売上力の根源とはなにか？」と言う大前提です。

よく、「ムダをなくし人時生産性をあげましょう」とか「売る力をアップさせて…」といった言葉を耳にすると思います。

巷には「生産性アップセミナー」といったものも数多く開催されているし、「生産性の向上」についての書籍などもたくさん売られています。

ここで言う「人時売上力」とは、単純に、「人時売上を上げていく力」、「利益を獲得していく力」、「顧客を獲得していく力」とお考えいただきたいのですが、いずれにしろ　人時売上を高めていくには、その原理原則をよくわかっていなければ、ちぐはぐなことをしたり、小手先の対処になったりします。

そうなると、一時的に成果が出たとしても、半年もしないうちに効果が薄れ、また違う方法を探して…と、その場しのぎのようなことになりかねません。

大切なことは、石垣を組んでいくがごとく、一つひとつ確実に良くなっていくように活動を積み増して進めていくことです。今より半年後、一年後、さらには、三年後、五年後が、確実に良くなっていくためには、なんといっても原理原則を押さえていることが重要なのです。回りくどくご説明しても仕方ありませんので、結論から申し上げれば、

商品力×販売力÷人時＝人時売上力　という単純な公式が浮かんできます。

もちろん、さまざまな考えやご意見もあると思います。とくに　人時については、賛否の分かれるところかもしれません。

しかし、本書は「チェーン経営者のための」という前提があってのご説明です。こうした基本に鑑みれば、シンプルすぎるというご意見はあるかもしれませんが、人時売上力とはこの三つの要素に集約されることがわかります。

さて、何をお伝えしたいのかと言えば、「これらの要素を、単純に単体で考えてはならない」ということです。商品が悪ければ売れないし、販売力がなければどれだけ良い製品でも売れない…。これを行なうのは人であり、人の働き方となる人時に興味をもたなければ、やはり仕事に悪い影響がでてくるのは当然のことでしょう。

さらに、ここで覚えておいて欲しいことは、この人時売上力の公式は、掛け算と割り算で成立しているということです。

商品力や販売力があっても、販売力と人時がどれだけ優れていても、のこりのひとつが「ゼロ」であれば、人時売上力は一向に改善されないということです。とくに人時については、多い少ないだけでなく、「やったことない」「どうせ何も変わらない」「わかりにくい」といったマイナス点すらあります。

たとえば、取組みの入口部分で「似て非なるやり方」の真似をしたり、またはよからぬアドバイスを真に受けて、経営者自らマイナスをつくりだしていることもあります。よせばいいのに、生産性改善のセミナーや勉強会があると、とりあえず社員に行って聞いてこい、といった丸投げをしたり、どこかで、担当者レベルで働いていた人のアドバイスを正しいと思ってやり続けてみたり…。

目指す方向が、Dゾーンの半ば放っておいて売れる数店だけやってみて効果あったと、言いたいだけなら、これらの方法もひとつの優れた方法でしょう。

しかし、真っ当に全ての店で成果をだしてくことで、勝負するのであれば、これは本末転倒です。企業として儲からない、実にもったいないことをしている、ということを知らなければなりません。

・店舗の現場に丸腰で行くな

さて、Ｄゾーン売れる店の販売力についてはさておき、公式の三要素の中で、もっとも人時売上力的に影響を及ぼすのは、なんといっても「人時」です。なぜなら、最も直接的であると同時に、多くの経営者の方々が、ほとんど何も手をつけていないに等しい…という、現実的な問題があるからです。

ですから、本章では、まずこの「人時」のなかでも最も重要な「契約人時」についてご説明をしていきます。

仕事柄、これから店舗数を増やそうと考えている方や、店の収益を上げたいと考える幹部の方がご相談にお越しになりますが、なかでも多いのが、「人時売上実績を出してみても、個人の契約変更まで行うことが出来ない」というものです。

いわく「自社でレイバースケジュールをつくって、必要人時に合わせて契約人時の修正ができるようになれたら、素晴らしいことと思う」しかし、「人時予算の根拠づくりも難しいし、人件費引下げのための、契約人時の変更などはどうやればいいのか…」

こうした時、実際にどのようなことをされているのか、細かく伺ったりしますが、常々思うことは、

――このやり方では、とても契約人時の変更は出来ないのでは…。と、思わず言いた

くなるほど「契約人時」に無頓着な人が、あまりに多いということです。

そもそも、「店舗人時をコントロールしなくては！」と言っておきながら、なぜ、何も準備をせず店舗に「丸腰」で行くのか、これは、実に不思議と言わざるを得ません。

「そんなことはない！」との反論も聞こえてきそうですが、圧倒的に大多数の方が、「丸腰」で店舗へ指導に行っているということです。

「丸腰」とはどういうことかと言えば、店長と話をするときに、該当店舗の人時売上改善手順を説明する資料も持たず、用意してるのは、「売上高・粗利率実績」だけ、というような状態のことです。

弊社では、この状態を「丸腰」と呼んでいて、人時売上の取り組みを促すための、必要なものが何ひとつ用意されていないことを言います。

世の多くの経営者の方のために、まず申し上げておかなければならないことがあります。それは…「チェーン経営に於ける、収益強化の重要なポイントは契約人時にある」ということです。

このことが腹の底からわかっていない限り、すべての準備も活動も、絵そらごとになってしまいます。

喉から手がでるほど欲しいと言っている収益拡大策なのに、店が目指すべき目標人時実現のための手順書類や、各店舗の取組み進捗状況がわからないということは、これを「丸腰」と言わずなんと言うのか、ということです。

実際、これまでご相談におみえになった方で、各店の人時売上実績を店舗巡回の際に、ご用意されたという方は、ほとんど皆無に近く、逆に、驚くべき確率で「売上概算、粗利率、在庫」といった商品勘定データだけは用意されています。

誤解を恐れず申し上げれば、「売上概算」など、無くても「収益活動」には全然支障ありません。しかし、「人時売上予算や実績」は絶対なくてはならないツールであり、これを用意せず、人時売上を店舗にやらせるなど、生産性改善の本質がわかっていないということです。

・アンケートひとつせず市場で主導権を握れるのか

アンケートとは、簡単に言えば「対顧客店舗コンディション調査」のことで人時と同じく店舗に行く時に準備しておくべき資料です。主催する企業が調査主となり、調査結果を元に改善を行なうのですが、一般的には、店舗の全てのゾーンを採点するために使います。店舗の評価や改善点を見つけて次回に活かしたり、場合によっては店長や売場長のチェンジを行なうための道具ということです。

実際、大多数のアンケート、つまり、顧客満足度用アンケートの雛型を見れば、満足度を十段階などで採点してもらう形式になってることがわかります。

そして、この十段階評価で良い評価を得ていれば、「満足度の高い」店であり、あまり良くない評価であれば、「よくない店」といった判断がされるわけです。

店長にとってみれば、これはまさに成績表のようなものです。結果が悪ければ、評価に直結するわけで、それを意識した行動を心がけるし、その結果に神経質になる人が多いのも、ある意味当然のことと言えるでしょう。

家電商品の中に入っている返信葉書のアンケートなどは古くからありますが、最近では、損害保険や車のアフターサービスといったものまで、顧客満足度調査の案内メールが送られて来ます。

また、ネット通販などの、商品、出品者や配送状況に対するアンケートは、利用する度に自動的にメールが送られてきます。

一方、国内チェーン企業の多くは、なぜか、そういった一連の店舗活動がどうであったか、ということを調べようとする動きはほとんど見受けられません。年間50〜１００回以上ものチラシは打つのに、月に一度もその効果測定をしないのか？ということです。

難しく考えるまでもなく、チラシやＤＭなどの販促がどれだけ　お客様の目に止まったかどうかで売上が変わっていくわけです。

「売上に結びつくためのアプローチがどうなっているか」が重要なことは、業界関係者ならずとも、ちょっと考えればすぐにわかることだと思います。

そもそも、営業という視点で考えれば、チラシに関わらず定期的にお客様の声をとっていくことは、基本中の基本です。

顧客の声は、お客様の声ボックスやコールセンターがあるだけ。という受け身の店舗運営で満足しているとしたら「お客様を増やす気があるのだろうか？」と心配になるというものです。

背景には、これまで人口増に支えられて売上を伸ばすことを目指してきたＤゾーンの企業が多かったことがあげられます。

半ば放っておいても売れるDゾーンを目指す企業の場合「人口増に支えられた中で売る」という、粗削りな考え方がことのほか強く、本来必要なモノを用意せず、さして必要でないモノを、さも大事なもののようにやり続け悪戦苦闘しているということです。

一方で、Eゾーンを目指す企業の場合、「人口減の中で一品でも多く売上を上げる」ことが大事なことから、お客様を開拓するアプローチ策が重要であり、その本質がまるで違うことを知らなければなりません。

Dゾーンは、「現状顧客へ商品を売るだけの場」ですが、Eゾーンでは、「新規顧客開拓で企業成長をさせていく場」ということです。

S社の場合もDゾーンの店つくりを理想としていたため、顧客開拓視点の評価は何ひとつ取り組んでいませんでした。

――社長、対顧客店舗コンディション調査はおやりにならないのでしょうか？とたずねると、ポカンとした表情で「えっと、覆面調査はやってますが…」という返事が返ってきました。

覆面調査とは、ミステリーショッパーといわれる、調査会社の人間がお客様のふりをして、店員の接客態度を調査するものです。もう何年もやっていて、挨拶や接客ではここ数年良い結果がでていたそうです。

しかし、そこでは、利益に直結する、品切れや、商品の知識、レジのスピード、クリンネスといったことについての、評価やアドバイスはありません。

「覆面調査」は社員の接客態度を調べるものであって、対顧客店舗コンディション調査とは全く別ものということです。「それは、こうするのが当たり前」と調査会社が決めた基準であり、そこにはお客様のとられた行動や事実はなく、形や表面的なことだけを真似しているだけということです。

周囲の人もそのことに何も不思議とも思わず、さも当然のようにそれが正しいと思い込んでいたのです。これが、似て非なることの恐ろしさです。

しかし、このやり方の盲点に気づいたS社の社長は、「あっ！」と言う表情で、これまで見落としてきた、「本当の対顧客店舗コンディション調査を行うためには、どうすればいいのか？」とすぐに対策を講じられたのです。

そもそも、お客様のことを知らないはずなのに、「アンケートなどやってもお客は本当のことを言わない」とか「アンケートなど同業でもやってるいない」と業界横並び意識が働き、何となくこう…といった、「無意識に近い感覚で、やり続けてきたことから疑ってみる」ということです。

こういった「覆面調査」のような似て非なる調査は効果がないだけでなく、これをやってるから大丈夫という、思考停止の社員が増えることの方が大きなリスクということです。

知らず知らずに似て非なるやり方が、まるで洗脳されているかのごとく、隅々まで入りこんできて考えない社員を増殖させることは、企業にとって計り知れないマイナスになっていくということです。

Ⅱチェーン企業が自己革新力を高めていく原理原則

・売上概算よりも人時実績を重要視する本当の意味

さて、私が推奨している「企業の人時売上力を高めるツール」は３つあります。可能であれば、さらに用意するに越したことはありませんが、ここで言う３つとは、いわゆる「絶対欠かすことのできない」３つと思ってください。

①「人時売上実績表」
②「非効率業務一覧」
③「作業指示書（レイバースケジュールプログラム）」

となります。　順にご説明していきましょう。

まず、最初の人時売上実績表ですが、これは簡単に言えば、「私は、自分の担当売場を、このくらいの人時数で運営をしています」という　いわゆる担当部門の売上と人時の情報です。

一般的には、「売上概算」はどこでも共有されていますが、それに対して、かかっている人時については、まず、共有されているところはありません。「人員は、売上に合わせ増減させているはず、売上概算があるから同じことでは…」と思われる方もいらっしゃるかもしれません。

人時売上高については、「ないよりはあったほうがいい」と考えますが、大事なことは、そういった情報がチェーン企業として「店舗で人時生産性を引き上げていく、つくりになっていますか？」ということです。

あくまでも、人時生産性のツールとして用意されるわけですから、店長が皆に、きちんと説明できるようになっていなければ全く意味がありません。

実際、「人時実績」をつくってはみたもののどうすればいいのか、とよくご質問を受けるので、大枠を申し上げると次のようなものが挙げられます。

「人時売上管理と運用実務の目的・方針」
「総人時の把握と基準設定」
「総人時と売上の関係性」
「人時売上高と人時生産性の違い」
「人時運用を行うためのワークルールの設定」・・・

などなど、必要な要素は結構多くあります。そうは言っても、今まで、売上だけを見てきたことから、人時も一緒にとなると、想像以上に大変です。これらの要素の中で、注目すべきことが最初の二つです。

「人時売上管理と運用実務の目的・方針」「総人時の把握と基準設定」この二つがあって、はじめて、その他の要素に意味が出てくるからです。現場の意見を活かし、生産性を2倍3倍に引き上げていく、それが如実に現れるのが、この二要素なのです。

さて、話は戻りますが「企業の人時生産力を高める」２つ目のツールの「非効率業務一覧」は、「店舗で行われている業務で、量の多いものや手間がかかること」はどのようなやり方で行われているのか?ということを拾い上げてくことです。

よく、業務改善と聞くと、店舗に行って「何か困ってることありませんか?」的な聞き方で、改善要望を聞き出そうとする人がおられます。

「カイゼン＝困ってることを聞き出す」という、昔ながらの仕事のやり方が頭を離れずにいる方の典型例です。

お気持ちはわからなくもないのですが、残念ながら、このようなやり方で現場の改善が全社改善にむすびつくようなことはまずありません。

インターネットやSNSで情報が世の中に溢れている今は、やみくもに聞き回れば、その裏で、不平不満を煽ったり、取組み施策の足を引っ張ろうとする人が現われ、改革活動に悪影響を及ぼすことになりかねないからです。

「具体的にどの部分で成果を上げる」といった戦略を持たずして困ったことを聞き回る。ということは、武器を持たずして戦場に足を踏み入れるのと同じで危険な行為、と申し上げています。

実際、何か困ったことありますか系の人の場合、会社の方針や考えについて、表向きは賛成しても、自分の考えをもち、成果の見込めるようなやり方的な提案はしません。

理由は簡単で、自ら改善を言い出すことは、自分の裁量権や自己流のやり方が奪われることから、要職に就かれている人ほど現状維持でことを荒立てない方が…と考えたくなるものだからです。

このような誰もが避けて通りたくなる荒道を誰でも、通れるようにするためには、道を一気に平らにしていく、ブルドーザーのような重機が必要になります。その重機の役割を担うのがこの「非効率業務改善」と申し上げています。

一方、経営からすれば、「人時をやるにしても、何をどう進めていけばいいのか?」そこがハッキリしていなければ、指示すら出すことができません。

ここでは先を見据え「人時についての具体的取り組み」や「標準的な人時数の設定」はどうあるべきか、これがないと目標設定ができないわけで、緻密な計算やロジックを組み立てることも必要となります。

要するに、どういった考えや方針に基づき取り組みを実施していくのか、最初の取り組みは何か月で、会議体の頻度や回数はどれくらいなのか、進めていく実施内容はどうなのか…といったことが、はっきり表示されているかどうかということです。

何も小難しい話をしようとしているわけではありません。ビジネスをするにあたって「当たり前のことをしましょう」と申し上げているだけです。

もし、あなたが、家を買うと決めそこで数千万円かかるとしたら、月々のローン支払料金だけ提示され、「とにかくいい物件ですから住んでみてください」的な売り方をされたら、どう思いますか？ということです。建物の構造や使い勝手、周囲にスーパーや学校あるか、通勤時間といった周辺環境を調べた上で価格に見合っているかどうか？を考えてから購入するかどうかを決めるわけです。

常識的に考え、プロジェクトとしてまともなやり方になっているか、という話です。日本の人時生産性が、欧米諸国に比べ低いのは、こうした手順を飛ばしてしまう企業が多く、人時生産性の改善が進まないのです。日本の小売業界の人時生産性へ取り組みが、先進国の同業と比較して遅れているのはこうした理由からです。

業界の遅れを取り戻し、世界トップレベルの生産性を実現するためには、基本的な実施内容や、投資金額、投資回収期間はどれくらい…といったことが手順どおりに行なわれることで、はじめて、ビジネスのスタートラインにつくことが出来ると言えるからです。

・勤務シフト表を作業指示書として使っても効果ゼロの理由

つぎに３つ目のツール、人時をつかった作業指示書ですが、これとよく似ているものとして、「勤務シフト表」があり、それを作業指示書と称して使っている企業があります。人事系のシステム会社などが「勤怠管理」ソフトの中に似たフォーマットがあって、それでやったつもりになっている企業が多いということです。

ところが、根本的にその目的が違うため、そこに無理が生じてきます。勤務シフト表とは、個別契約に基づいた勤務時間を示すもので、作業指示書とは全く別モノです。「そんなことはない、うちはそこに作業内容を表示させている」と言われる企業もあります。よく見るとそこには、作業名のような小さな文字が表示されるものもあります。

冷静に考えてみればわかることですが、売上が毎日変わるように、作業も毎日大きく変化します。

もし、何らかの理由でトラックの納品時間が遅くなれば、そこで手待ち時間が発生し、反対に、物量が予想以上に多い時は、残業までしてやるといったことが、日常的に起こっているのはご承知のことと思います。

勤務シフト表しかない企業の場合、契約時間の枠内であれば、こういった日々変動する問題は誤差のうちとなり表面化することはありません。

一方、作業指示書を使っている企業では、毎日の作業量に合わせ人を張り付けていくことから、手待ちや不足といったことは明らかになります。そのため否が応でも、現状の契約時間との差異に目が行くことから、自ずと無駄なことへの支払い抑止に繋がるというわけです。

つまり、勤務シフト表しかない企業の場合、仕事の有無にかかわらず契約時間に対して人件費が発生する固定経費状態になっているということです。

収益を上げることに対し無駄なく、人件費が使われているか、経営として見抜くことが出来るかどうかが、競合との収益力の差となってくることは言うまでもありません。

こういった、作業指示書を使えるようになり、収益になることに人件費は使われるべきと考えるようになると、様々なことが見えるようになります。

よくあるのが、店長がベテラン担当者を手放さない…といった問題です。

これも作業指示書でみていくと、実際は担当者側が、「担当を外されないように、自分しか出来ない作業を作り続けている」と思われるケースも浮き彫りになります。

変な話、「余計な仕事を作っている」ことが半ば容認されてる」ことであり、手を替え、品を替え、自分だけに仕事がくるようなことが社内のあちこちで繰り返されていたということはよくあることです。

実際、社長が「おかしいのでは？」と思いながらも「彼らを外したら回すことが出来ないというので人時が下がらない」という話をよく聞きます。作業指示書と勤務シフト表との、本質的な違いを理解していないために起るトラブルと言えるでしょう。

・あなたの社内の非効率業務改善ノウハウは、社内マニュアルに集約される

さて、この3つのツールの運用について大事なことは、この順番で行っていくという事です。順番通り「人時実績表」↓「非効率業務改善」↓「作業指示書」で行われれば、すんなりいくわけですが、なぜか用意されていないツールの代表格が、2つ目の「非効率業務改善」なのです。

作業指示書を作る前に、わざわざ手間のかかりそうな非効率業務改善を別にやらなくてもいいのでは？と思われる方も多いかもしれません。

実際「非効率業務改善」と聞いただけで、「うーん…」と眉をひそめる方も多く、ここを飛ばして、先に、ＬＳＰからいきなりスタート、というケースも珍しくありません。

しかし、どちらが急場に間に合うか…。そういう現実的な意味では、ＬＳＰよりも非効率業務改善の方が圧倒的に重要になってくるということです。

なぜ、「非効率業務改善」がそれほど重要なのか？これには大きな理由があります。人は、非合理なやり方を、無意識と言えるレベルでやりつづけてしまうからです。

先にもお伝えした通り、人時生産性は、一定の確率で変わっていく実績がつくれるかどうかが極めて重要となります。

もし、ここで、社長が意思決定に関与することなしにＬＳＰの導入話だけだとしたら、

主管部門の協力を促したり、現場の店長に伝える内容もゆるいものになります。

前職西友で、ＬＳＰを入れて、７年間もの間、生産性が上がらなかったのは、生産性に社長が関わってこなかったことが原因でした。先のＳ社の場合、そこまでひどくはなかったものの、社長案件ではなく、運営部任せになっていたことから、店舗の意気込みや実行率が上がらなかったといえるからです。がんじがらめにする必要はありませんが、「人の心は楽な方になびくもの」、当然、店舗での実行率も下がります。

そのため、少しでもゆるい感じにならないようにするためにはどうするか…。

そのひとつのツールが「非効率業務改善」なのです。

「たかが、現場カイゼンで大げさな…」と思う人がいるかもしれません。しかし、他社事例から、知ることが出来ないのが「非効率業務改善」であり、本気で自社を題材に進めていくには、ビジネスセミナーや本で聞きかじった程度では歯が立たないからです。

経営者であればこれまでセミナーに何かしらのセミナーに参加されたことがあることと思います。そこで、他社事例を見て「うちでもやってみようと、少し意識が変わる」ということが、実際に多くの人に見られる変化です。

特に、研修要素の高い内容の場合、即効性のある売上対策が多いため、Ｄゾーンを目指す企業にとってみれば、いいモチベーションアップになる訳です。

しかし、人時生産性のEゾーンを目指す企業の場合、話は変わります。言ってしまえば「耳触りのいい情報よりも、自社の生産性改善ができなければ何も変えることが出来ない」からです。

批判を恐れず申し上げれば、研修や講義に金をかけるより、社員に嫌われても全然かまわない、「非効率業務を一件でも多く解決できるかどうか…のほうがよほど重要」ということです。

無茶苦茶なことを言ってるように聞こえますか？冷静に考えてみてください。

あなたの店の前に立って、日々買いに来てくれるすべてお客様に、ニコニコといくら愛想を振りまいたり、目を引くような商品陳列をしても、その結果「営業利益率がマイナス」になっていませんか？ということです。

先に、「チェーン企業にとって、収益強化策とは契約人時の見直しである」とお伝えしましたが、このことが正しく理解できていれば、売上重視の研修にお金をかけることが、いかに馬鹿げているか…ということがおわかりいただけると思います。

断っておきますが決してモチベーションアップが悪いということではありません。人時の活用法を理解できていなければ、Eゾーンの企業としてやっていくことは、厳しく、成長を手にするのは夢のまた夢ということです。

これが、冷徹な現実です。Dゾーンのやり方をやってる企業を見習って、売上アップ策のやり方をどれだけ真似ても、利益率向上につながらない理由がここにあります。

かと言って、利益率を上げたい一心で強引にコストカットだけを進めようとすれば、当然問題になりますので、ほどほどにしなくてはなりません。その「いいあんばいの状態」をつくりだしていく鍵となるのが、非効率業務改善なのです。

そのためには、非効率業務改善でも作業指示書にしても、まずは紙でつくっていくことになります。

「え、このデジタル化の時代に紙？」という声が聞こえてきそうですが…

これも理由は単純です。言葉だけであれば、会議にしろ、店舗のミーティングにしろ、思い出す方法は人の記憶だけになってしまうからです。

そのやり方手順が、紙として手元に残っていれば、思い返して見ることも出来るし、それをベースにマニュアル設定をすることもできます。

もちろん、これは、あくまでも「可能性」の話です。

しかし、人の記憶に依存した業務改善と、目で見て思い返すことのできる業務改善とでは、どちらが有利になるかは歴然です。

人時実績や非効率業務改善にしても、作業指示書にしても、わざわざ一度紙にする理由はここにあります。手にとり感覚的な記憶に残してもらうことが出来るし、書き込むこともできる。

店舗では、社員やパートナー社員の出社時に目につくとこに掲示しておくことで、自部門だけでなく他部門がどうかも共有できます。

この用紙が張り出されている前で毎日ミーティングを実施すれば、昨日の貢献部門をその場で賞賛することもできます。

いつでも、自分の所属する売場と全体がどうなっているのか、自由に見る事が出来るわけです。

非効率が繰り返され、やり方手順の統一が出来ない作業については、その手順が書かれたマニュアルがその前のテーブルに置いてあり、毎日読み上げれば、否が応でも頭に入ってくるものです。

どれだけ、講義や研修で、モチベーションアップの話を聞いても、言葉が立体の活字となって「空気中に目で見える」ことはありません。

音は、発せられた瞬間から消えていく運命にあります。大事な資料こそ「いつでも目に見える」が欠かせないのです。これが、重要ツールを紙で用意する最大の理由です。

・顧客満足度はマーケティング会社のアンケートではわからない

先に、「自社のことになると見えなくなる」という旨をお伝えしました。それは、そうしたしくみを持つべきことがもっとも大事…ということをお伝えしたかったからです。だからといって。覆面調査員がお客様に扮して社員の接客態度調査では、解ることはほとんど無いこともお伝えしました。「その通りにやって売上になるとは限らない」し、そもそも「この調査結果と売上」は全く連動していないからです。このことがわかっていないと、何回同じことをやっても、成果をだすことは、まず無理ということです。

これは、マーケティング業者が作ったアンケートも同じです。よくあるのが、アンケートの取り方の中で、本当の評価がわかりやすいとされる質問に「購入者に対して、あなたはこの商品を人に薦めますか？（十段階評価で何点）」という質問の仕方があります。

最近では、ネット通販のアンケートでも利用されており、有効なアンケート手法とされていますが、この方法も、決して万能ではありません。

むしろ、顧客満足度調査では、間違った判断をしかねないため、使わない方がいいケースが多いとさえ言えます。

実際に、この手のアンケート手法をつくり、前職時代から現在までこれまで何度も試してきました。日々買いに来られるお客様を相手とした顧客満足度調査の場合「お客様にこのお店を人に薦めますか?」といった質問をすると、たとえ大満足でも「はい」とか「10点」といった答えを記入しない人が多いことがわかっています。

その理由は「このお店で買い物していることを知られたくない」とか「毎日来ているので、そういった特別な気持ちになることはない」といった、お客様ごとの、その時々の感情が動いたりするからです。

そもそも、「日々利用している店を人に薦めるなんて考えたことがない」と言う人も多く、アンケート結果に信憑性が全然なかったり、場合によっては、「極端に悪い数値が出る」こともあります。

もし、この結果だけを真に受けていたら、せっかく人時生産性が上がってきたにもかかわらず、間違った採点により、どんどん違う方向の話に変わっていってしまうかもしれません。

また、本当に内容がよくなかったとしても、やはり悪い結果でしょうから、要するに判断ができないということになるわけです。

お客様側の独特の感情を理解した、質問になっていなければ全く意味がありません。だからこそ「顧客満足度のアンケートをマーケティング会社に作らせることに意味はない」と申し上げているわけです。

「では、どうやればいいのか」という声が聞こえてきそうですが無意味だと申し上げているのは、「単に売上向上の目的でしようとする場合」においてということです。ここを勘違いして質問項目を並べれば、

・「買い物しやすい曜日はいつですか？」
・「レジの待ち時間は短かったですか？長かったですか？
・「商品の価格は、高いですか、普通ですか、安いですか？」
・「お店の掃除は行き届いていましたか？出来てなかったですか？
・「商品はわかりやすく陳列されていましたか？」
・「取り扱って欲しい商品がありましたら教えてください」…

など、私から言わせれば無意味な質問項目が、ずらずらと並んでいるものがめずらしくありません。なぜ、無意味かと言えば、「聞いてもしかたないこと」ばかりだからです。たとえば、木曜日に買い物に来られた方に、買い物しやすい曜日を質問したら、高確率で、「木曜日がいい」と答えるし、土曜日に買い物に来られた方は、同じく「土曜日がいい」と答えます。「都合がついたから来店されている」のです。

商品価格についても、聞かれたほとんどの人が「少しでも安い方がいい」と答えるわけで、質問しても、ほとんど意味がないことがわかります。

誤解の無いように補足しておきますが。こういった質問項目は、「対顧客店舗コンディション事実調査を目的」に行うとしたら、何ら不思議はなく、問題もありません。このお店のサービスや品質向上のために、アンケートを活用しているわけですから、重要な取り組みといえからです。

小売チェーンの場合、多数品揃えをして販売することから、一品一品が欲しい時に必要な分だけ買えるような状態にしておく必要があります。これは、繰り返し店舗を利用してもらうことによりビジネスが成立していることを意味しています。だからと言って、「買い物に来れる曜日」や「時間」、「買い物金額」という「今後参加したいイベント」などという感覚的なことを聞くのではなく、聞くべきは、「事実調査」ということです。

感覚的なことや感情的なことを聞かれても、本当のことは言わない人でも、事実がどうであったかについては、限りなく本当のことを書いてくれます。

選挙のときに、「あなたは誰に投票する予定ですか?」と投票所の前で聞いてもブレが激しいですが、出口調査で「誰に投票しましたか?」と聞くとき、ほとんどブレないのと同じです。

事実にこそ次の展開に大きなヒントが隠されているからであり、そこに大きな意味があるからです。

こうした「お客様の行動心理を読む」ために独自のアンケートをつくり実施していくとき、ぜひ入れておくといい項目があります。これによって、顧客満足度の結果も変わってくるだけでなく、人時生産性もあがってくるからです。たとえば、つぎのようなものがあげられます。

・「買おうとしたもので品切れしていたものはありましたか？」
・「店員の商品知識はどうでしたか」
・「買い物総額は他と比べ安かったですか？」
・「おすすめ商品はわかりやすくなっていましたか」
・「会計の処理スピードはスムーズでしたか」
・「商品の鮮度はどうでしたか」
・「店員の接客態度はどうでしたか」

顧客感情を理解して、質問内容を作っていかなければ、当然ながら質問しても全く意味がありません。だからこそ、独自の質問を作っていく事で、はじめてアンケートが機能するわけで、「マーケティング会社の通り一遍のアンケート質問をそのまま使うことでは意味がない」と申し上げるわけです。

第5章

チェーン経営にまつわる5つのうそ本当

I 戦略ニンジに磨きをかける重要視点

・大きく誤解されてる企業の「強み」

さて、人時力の次は、商品力の引き上げです。先に、チェーン企業における人時売上力は、商品力と販売力、そして人時運用力の掛け算割り算とお伝えしましたが、商品力が低いままでは、残念ながら人時売上力は思うほど向上しません。根本的な人時売上を引き上げるには、人時力に加えて、商品力の向上は、絶対条件とも言えるでしょう。

そして現実的には、「多くのチェーン企業が、商品力向上に問題を抱えている」ということが挙げられます。実際、売上に苦戦している企業ほど「商品開発」というビジネスを、イマイチ理解せずに行なっていると言えます。

商品力アップの難しさは、その方法が見えにくい点にあります。たとえば、「商品力がある」というのは、言ってみれば「他に抜きんでた魅力がある」ということですが、言い換えれば他の企業にできない…とまでも言わなくても「自社ならではの、商品サービスが出来る」ということを意味します。要するに、「競合他社と比べて、自社だけの強みというものはありますか?」ということです。

言葉では実に単純ですが、具体的な方法がわかるでしょうか?現実的には、「とんち問答」

のようなことになりかねず、「自社だけの強みとは…」と迷宮入りする人も跡を絶ちません。「自社だけの強みづくり」がどれだけ難しいかは、真剣に考えたことがある人ほど、ご理解されていることと思います。

主管部門の後ろに見え隠れするマーケティング理論を振りかざす業者の中には、「御社の強みは何ですか？」などと、問いかけるのを常とう句にしている方もいます。企業や商品に独自の強みがなければ、競争に負けてしまうから…ということなのでしょう。

得意げに話されるのは結構なのですが、実際には「そういう貴社の強みはなんですか？」などと、聞き返されたりすると、真っ青になってしまう人が多いのです。そういう業者の話を元に、「うちは将来的に○○を強みしたいのです」と対外的には偉そうに語っているけれど、実は自分だけの強みなど、何も持っていない…という小売チェーン企業が多いのです。

世の中。この「独自性」や「強みづくり」ほど難しく、また、まともに理解されていない言葉も珍しくありません。

というのは、強みづくりに対して、よくわからないし見えないから…と、「今の企業の特徴」を際立たせることとか、はたまた、「他にライバルがいなければ優位性が保てる」といった単純なポジショニングのことだと捉え、店舗の見た目の特徴や奇抜性、ユニークさなど、イベント的な部分を強調することで、他社との差別化を図ろうとする企業もあります。

理由は言わずもがなですが、経営に重要な判断をともなう事を、「見た目の特徴や一過性のことを柱に据えようとしますか？」と聞けば、誰でも答えは分かることと思います。

「今まで、差別化で上手くいったことが無いからわからない…」と言われた方もいたので、——もしあなたが、企業の資金を預けようと、金融機関を探していたとしましょう。銀行より株式投資の利回りが高いからといって、安心して預けますか。というのと同じだと言えばご理解いただけるでしょうか？

決して株式投資が悪いということではありません、資金に余裕があるのであれば、選択肢の一つとして考えるレベルということです。

Dゾーンの客数の多い店であれば、利益に余力があることから、ある意味、楽しさや、ユニークさは、一時的でも記憶に残る特徴として、多少利益率が下がったところで大きな問題にならないでしょう。

ところが、中にはCやLゾーンの儲かっていない利益率の低い店舗もあるわけでその場合、表面的な売上だけを取るための日替わり企画や、ポイント倍増企画、移動スーパーのような儲からない企画次々と投入すれば、その売上が上がることよりも、利益率悪化のデメリットの方が大きいということにです。

最初は売れたように見えても、企業の本質的な商品サービスになっていなければ、全体利益を圧迫し益々経営が厳しくなることは誰の目にも明らかだからです。

「そんなこと言ってたら何もできないのでは…」という声が聞こえてきそうですが断っておきますが新しい挑戦がダメというわけではありません。

なんでもそうですが、新らたな取り組みには　必ず先行投資が必要になります。投資回収計画があって、そこが見込めるようになっているかということです。

実際に直近3期の人事採用計画や販促強化企画の投資回収率どれぐらいか計算していただければ、一目瞭然のことと思います。この考えが根底になければ、どんな素晴らしい商品やサービスも強みも、ビジネスとして成立しないということです。

前職の西友の時も　強みといえば「会員優待セール」「球団優勝セール」「開店○周年セール」といった販促強化型イベントだけで、それを10年以上続けた結果、販促強化依存から抜け出せなくなり、破綻に突き進んでいったことは前著の中でお伝えしました。

九死に一生を得たウォルマートとの提携後、そのやり方は大きく変わりました。新規PB商品開発や店舗改装、物流センターの新設等に投資していったことで、店舗や施設は綺麗になり新商品が次々と売場に並び売上が上昇し始めました。

ところが、売上が伸びたのは僅か1年足らずで、その後再び、売上は停滞し赤字状態が続くことになったのです。

理由はシンプルで、新規の商品開発が進まず、商品改廃が滞ってしまったからです。その背景には、店舗の人時売上が上がらず、十分な収益を上げることが出来ないという切実な問題がありました。新規PB商品をつくったものの、それを強みに磨き上げていくことが出来なかったのです。

他に抜きんでた魅力ある商品を作るには、数ある商品カテゴリの選出から何をつくるかを設定し、試作、テイスティング、機能性、パッケージといった工程が必要になります。

さらに、新規商品力を高めていくためには、発売して終わりではなく、改良を重ね、時にはスポット商品や新商品投入といった話題作りが必要なように、そこにも、継続投資が必要となります。

もちろん、売場に出したからといって売れるとは限らず、そういったロスまで考えれば、アイテムあたり数百万~数千万円のコストがかかってきます。単純に、数十アイテム開発しようとすると、売れ残った処理コストまで考えると億単位の資金がかかってくる計算になります。

「強み」となる商品を生み出すためには、主管部門となる商品部任せではなく、店舗運営を中心とした人時活用法の後ろ盾のもと、社長の主宰する業革プロジェクト体制を敷いていかないことには、成功などできないということです。

実際、多くの企業がそういった仕組みを抜きに商品開発ビジネス展開を行なおうとしています。しかし、残念ながら、思い描いているような成果がでずに、苦戦する企業が後を絶たちません。そこには、「うまくいくためのもうひとつの重要な条件」が欠けているからです。

このカラクリを理解していないと「商品で差別化＝強み」という、驚くほど魅力的な罠に、次々にはまりもがくことになります。ここでも、似て非なる手法の罠が猛威をふるっているのです。では、なぜ、商品で差別化の手法が難しいのかご説明しましょう。

・目先の売上と見映えに捉われのチャンスを見逃していないか

実は、店舗運営部と商品部の仕事とでは、根本的とも言えるほど違う点がひとつあります。この根本的な違いこそ、人時生産性のサイクルが上手く回らない最大の原因といえます。

そう「根本的違い」とは「仕事の目的が暗黙知で理解されているかどうか」という点です。誤解を恐れず申し上げれば、ほとんどの店長、売場長の、仕事の内容は大筋同じです。

店舗間の格差はあるものの、仕事内容は理解されているため、主管部門のスタッフや商品部のバイヤーからは理解してもらえます。社内の職位制度により、職務範囲が決まっていることから、店舗数×売場数単位の人が、基本的に同等であり、依頼する商品部側も安心して頼めるという構図があるからです。

一方、主管部門のひとつである商品部のバイヤーの仕事内容はどうでしょうか?店舗側からは知ることが出来ないばかりか、決まったやり方があるわけでもないので、商品部長でさえ、個別の動きは掴めていない。というのが殆どだということです。一般的には、①特売計画、②価格変更連絡、③商品改廃、といった業務がその大半を占めますが、もっとも時間がかかるのが、チラシなどの特売計画関連業務で約7割、次いで、月間価格変更業務が2割、そして残りの1割が定番商品改廃となっています。

では、その売上構成比はどうかというと、定番商品売上が7割、価格変更売上が2割、特売1割となります。もうお気づきの方もいると思いますが、売上と業務の時間配分は真逆になっていて、最も売上の高い定番商品に関わる人時は、全体業務の1割にも満たないという現実があるということです。

「定番商品は　そんなに変わらないので手がかからない」という声が聞こえてきそうですが、たしかに、人口が増えていた時代は前年踏襲型でも、それほど大きな問題とならなかったといえます。

しかし、少子高齢化、労働人口減に伴う利益減が進む中、それに対応した定番商品改廃についての、体系化されたプランはありますか?とお聴きすると

「うーん。やらなくてはと思ってるのですが…」と言葉に詰まります。

定番商品改廃とは、収益力の低くなった商品を棚から外し、収益力を上げる商品を棚に入れ替えていくことです。

よくあるのが、こういった本質を抜きに「地域一番の品ぞろえを謳い、ここでしか扱っていない銘品やブランドのアイテム数を増やし、顧客の支持を得る」といった手法です。

冒頭のS社の社長も、高質スーパーで扱うような高額商品群のコーナーを設けたり、地方の銘品を導入し　お客様から「こんなものまである」と一目置かれるような店づくりを

していました。

導入当初は、物珍しさもあって売上は上がったものの、その後、売上はとれても利益にならない問題点が浮き彫りになってきました。

何か物珍しい商品を仕入れるのは簡単でも、その方式で稼ぎ続けるためには、ムリをリカバーするする仕組みが無ければ、強みにならないということです。

たしかに、こうした珍しい商品やブランドの発掘や導入は楽しいですし、見た目が変わることから一見、企業の強みのように見えます。ところが、中身は売れ筋品の恒常的な品切れ問題や、不人気商品の値下げロス問題、しいてはそれにかかる人時増大、という三重苦に悩まされるのが大半だということです。そのデメリットをカバーすることが不足していることに、社長ご自身が気づいていないことが多いのです。

というのも、全く売れない商品であれば不動向とすぐにわかりますが、社長の一声で導入が決まったような商品の場合、バイヤーは本当のことが言いにくい手前気づくのが遅れ、手遅れになりやすいということです。

実際こういった商品群が増えれば増えるほど、売上は上がったように見えても粗利が上がらないことから、売上重視企業が陥りやすい落とし穴といえます。

売れそうだから…とただでさえ儲けの少ない商品群を定番に入れ、フォローもなしに放置することとは、一時的なマイナスで済む販促強化のイベントよりリスクは高いと申し上げております。

大事なことは、バラバラで考えるのではなく、全体の業務改革計画があって商品改廃がおこなわなければ、企業の利益は垂れ流されるばかりということです。

「それが分からないから困っている」という声が聞こえてきそうですが、

目先の売上や見映えに捉われるのではなく、商品を軸とした収益構造にどのように変えていくのかということです。

その為には、仕入れ先企業が何をすれば、協力体制を敷いてくれるか、その原点に立ち返り考えることが重要ということです。

仕入れ先企業も店舗と同じで、品数を増やせば増やすほど売上は増えるものの、それぞれの生産ラインをつくったり動かさなくてはならないことから生産効率は下がります。つまり、見方を変えれば、仕入先企業にとってもっとも儲かる商品の拡販することが、利益を増やすことに直結するということです。

どの企業にも看板となる主力商品があり、利益の半分以上をわずか数品の主力商品が稼いでいる企業もあります。

「うちは、大手みたいに量は売れないから…」という声が聞こえてきそうですが、絶対数量で、今は勝てなくても、一店舗当たりの販売数量を毎年上げていく仕組みで、店舗のポテンシャルを引き上げることができれば、将来店舗数拡大を見越したとき大きな力となって返ってくるということです。

S社の場合も僅かだったリベートがこのやり方で、十倍以上になり、店舗運営に頼り切りだったやり方から商品部だけで、回せるようになっていったのは紛れもない事実です。

各社お考えがあるのでそれをどうこう言うつもりはありませんが、双方にとって手間をかけずにこれを実現するためには、従来方式のバイヤーが個別に仕入先企業に働きかけているうちは、実現することはできません。

ここでも全体の商品改廃計画は生きてきます、店舗にいつのどのような、棚割りやエンド変更を指示するかによって年度の見込数値は大きく変わってきます。仕入れ先企業に対し、会社としてこうした提示するものがあれば思い切った協力依頼をすることも出来るからです。

「商品展開計画ならありますす」という声が聞こえてきそうですが、

多くのチェーン企業は、各メーカーから提示された条件をもとに、特売計画を組みます。

しかし、こうした受け身の商品調達ではなく、こちらから商品調達計画を立案していくことで、初めてその主導権を得ることができるのです。

チェーン企業と仕入先企業の各メーカーと協業を強めることが出来れば、両社にとって高収益体制ができ上がり、お客様にとって大きなメリットを提供することが実現できるということです。

先のS社もこういったプランを体系化することで、バラバラに動いていたバイヤーの動きを一本化できるようになり、これまで引き出せなかった優位な条件で話を進めるようになっていったのです。

主管部門のスタッフは、日頃お互いどのような仕事をしているのか聞いてみなければわからない…ということが本当によくあります。席の近いバイヤー同志でさえ、何年かたった後に「ああ、そういう仕事だったんですか！」と、ようやくわかった…ということも珍しくありません。それくらい、主管部門の仕事というのは、決まったカタチや規格というものがなく、内容もハッキリ理解されていないことが多いのです。

この、「何をしてくれるのかよくわからない」という、暗黙知で理解されていない状態が解消されない限り、対外的に力を発揮し、望むような効果はまず期待できないということです。

これまで、主管部スタッフの個別努力でなんとかしようとしてきたのやり方ではできなかったことを、より高い視点で、お互いの企業の収益構造を創造していくことが出来れば、2倍3倍どころか5倍10倍へと、収益を上げることも夢ではないということです。

・貢献意欲と従業員満足度の根本的な違い

いま「何をやってくれるのかわからない」と申し上げましたが、このことを、もっとハッキリ言えば「経営として、何で貢献してもらうのか示しているか？」ということです。単に

・商品部は担当別に商品を仕入れて、売上利益を取ればいい。
・販売促進は、昨年ベースで効果の取れそうなとこにチラシを組みかえればいい。
・開発部門は社長のとこにきた新店案件を前例にならって出店計画を立てればいい。
・システム部や施設保全は、老朽化設備の更新計画を立てればいい。

と思ったら大間違いですよ。と申し上げています。

こう言いますと「変化するニーズを捉え、売上を上げるように指示している」という声が聞こえてきそうですが、

――では、お客様に商品の価値を伝え、いつでも欲しい分だけ量を提供できるようになっていますか？とお聴きすると、

「うーん」と言葉に詰まります。

そもそも、そういったことが主管部門として把握出来てさえいれば、減る客数に歯止めをかけることが出来るはずだからです。

店舗客数の増減＝企業の貢献度と考えた時、顧客と接することのない主管部門では、人時売上を上げていくために何で貢献するのかが明確になっているか？ということに尽きます。

店舗の場合、指示した情報がどこまで伝わっているかによって、店舗の人時売上などは、如実に変わってきます。

各主管部門も同じで、店舗の人時売上を上げていく計画立案と行動を促す情報をチームメンバーに対して伝え力を発揮できているかということとなります。

これまで、社長が同じ指示を出しても、すぐ取り掛かって動く部門もあれば、次に言われたらやればいいくらいにかまえている部門もあり、各部門長のペースといった、人のやる気によって左右されるスピードで行われてきました。これを、各店の人時売上を目標に変えることで、やるべきことと行動が変わっていくようにしていく、ということです。

本部の場合、人時売上は週次で捉えていくことになる為、何もしなければ、週次の実績がどうなるか誰の目にも明らかになります。

これまで主管部門は、個人に専門性が求められ、人に仕事が付き中々足並みがそろいにくかったと言えます。それらを是正するため、これからは人時売上を上げていくための仕組みを作り、誰がやってもできるようにしていくことになります。

「そうは言っても、主管部門の仕事が必ずしも人時売上に反映されるものばかりではない」という声が聞こえてきそうですが、

おっしゃる通りです。しかし、仕事の中身はそれぞれ違っても、出された課題に対し、どこまで進んでるのかというのは、共通しています。そのプロセスがどうなっているのかを確認することで、経営への貢献度を測っていくということです。

仕事の進捗状況は、上からチェックして確認することは出来ますが、それが、計画通り進められ効果的であったかどうか？ということを調べるためには出口調査が必要になります。

それに関わった全ての従業員が、どのような行動をとったかという「貢献意欲調査」を使って聴いていくことで、初めてその実態を掴むことが出来るということです。

例えば、部門長がそのやり方手順をキチンと伝えながら進めたチームと、部門長が課題を丸投げした状態のチームとは出てくる結果は違ってきます。

結果を出すためのプロセスをハッキリさせたチームは、どこでそれが行き詰っているの

か？ということがわかるため同じミスを繰り返さなくなり、利益が安定して向上します。

一方、部門長が丸投げのチームは、初回はそこそこでも、二回目が9掛け、三回目が8掛けといった具合で成績低下していくことが判ります。

これまで、全社売上目標と個人の紐づけはできないことを理由に、丸投げが当たり前のように行われそれぞれが、利益を棄損させてきたわけです。

しかし、人時売上が目標となれば、全ての人の動きが関わってくることから、全社目標と各部門目標はなんらかの形でかかわってくることになります。そう言う意味では、最初入口に示された人時売上目標を共有し、出口で結果を見ることが出来る貢献意欲調査はとても相性がいいということになります。

具体的な例で申し上げれば、貢献意欲調査の問いに「あなたが業務で必要とする情報を会社は十分に伝えくれますか」といった問に対し、評価点の10段階中9点の部門は、リーダーとチームメンバーが効率よく作業をしている。

ということが推測でき、実際にそういう部門では、毎日、定期ミーティングが開催され、結果的に人時売上は高くなっています。

一方で評価点が10段階中3点と低い部門は、リーダーが仕事を抱え込み、一人一人が機能していないので進捗が遅いことが想像できます。チームごとに人時売上にどう寄与しているのかということが分かることから、原因を特定し、改善していくことが出来るということです。

かつては、トップダウンで、短期的に結果を出すことが求められた時代から、今は、継続的に結果を出していくようになり、そのためには、こうした指標と結果があるとないとでは、経営の各主管への指導のあり方は大きく変わってきます。

前職西友でも、貢献意欲調査は、人時売上、対顧客満足度調査の二つのデータと並んで、重要視されていてました。店舗だけでなく全ての主管部門に対しても同様の調査が行われたことで、どこの部門・店舗が、貢献意欲が高いか低いか一目瞭然に分かるからです。

その結果、経営として、部門毎に何をどう指導すればいいのか明確になり、経営の意思決定と、改善スピードが加速していったといえます。

よくあるのが、社員満足度評価と混同される貢献意欲調査ですが、前者が施設や福利厚生といったものへの満足度であるのに対し、後者は、企業の目指すＫＰＩ（重要業績評価指標）への貢献度を示すものであるという事です

貢献意欲調査は、社員一人一人が自分たちは何で貢献すべきかという考えを引き出す大切なひとつの仕組みということです。

Ⅱ人時売上で企業の魅力度を引き上げることは、営業力を高める絶対条件

・生産性を謳っても何をすればいいのか分からないのでは何も変わらない

儲かる商品戦略、主管部門の業務の明確化、全社共通の貢献指標についてお話ししましたが、こういった流れになっていない企業があります。語弊を恐れず申し上げれば「収益確保できるようになっていませんよ」ということです。

空きスペースがあれば、商品を仕入れ山積みすれば、何でも売上になり利益がとれた時代は終わりを告げました。そういう経験を一度でもされた人にとってみれば、千載一遇のチャンスを狙い店舗特設コーナーで展開すれば売れるはず、その為に良い条件で仕入れ価格設定をしてるというでしょう。

しかし、お客様側の立場からすれば、こういった山積みされた商品を見て、正直言って「なぜ、この商品なのか」なんだかわかないまま商品価値が自然に伝わっていくものではないということです。

これが、クリスマスや年末年始おせち、バレンタインといった社会的に認知された季節商品や旬であれば、ある意味特設コーナーだけでもギリギリセーフです。

本来であれば、通常一品一品の商品の陳列場所、いわゆる定番売場があって、その他に、プラスアルファーの特設コーナーで展開するというのであれば「新しく商品が入った」ことは伝わります。

これを、定番売場が無いために、特設コーナーだけで展開するとか、生鮮売場だからといって、その日によって、売場がコロコロ変わったり、社長に言われたから売場を変えるようなことをやるっていると、たまたま、通りがかったお客様が偶然に手にして売れることはあっても、今後継続的に利益をもたらすようなことにはならない。ということです。

よくあるのが、社長の一声で決まった新商品があって、そのため、既存商品売場を少しずつ詰めて…というやり方です。これを、やると、最大陳列量と商品入数のギャップが生じ、品出しなどの店舗作業量は増大します。また、ただでさえ売れない商品の商品回転率が下がり、利益低下を引き起こすことから、思いつきの新商品導入はここでも利益棄損を招くことになります。

これを回避し収益力を上げるためには全体の商品改廃計画があり、年間どのくらいのアイテム数を外し、新規に何アイテムを導入していくという計画を、商品部は遅くとも前年度予算策定までには、店舗運営に情報開示しておかなければならないということになります。

というのは、本来であれば予め、商品本部の棚替え計画に基づき店舗で人時設定をしないと、「やらない」「出来ない」「時間が無い」等の言い訳が出て、店舗の業務遅延で売上をとりこぼしかねないからです。

「メーカーはそんな新商品の発売日など言わないし、予測がつかない」という声が聞こえてきそうですが

何でもそうですが、こちらから、「来年はこのくらいの定番スペースが空くので…という提案をして、どこよりも御社の商品を売る計画を立てさせていただきます」と、事前に相談を持ちこむことで、それを無下にするメーカーや仕入先企業はいないという事です。

売場の棚替えには、新発売商品が必須なことには違いないのですが、まずは実態がどうなっているかを把握することになります。

現状売場が狭すぎて品切れしてしまう商品の陳列量の見直しや、逆に、現状の入数でもほとんど売れないといったものは入り数の見直しで、取扱いの有無について毎年個別に検証しておかなくてはならないということです。

うちは店舗数が少ないので、「バイヤーの数は僅かです」とか「大型店舗の担当者が全店仕入れ交渉をやっている」という企業もあります。各社それぞれのお考えがあるので、

それをどうこう言うつもりはありません。しかし、現行のやり方で、来期以降も利益を伸ばすことできるのでしょうか？ということです。

現実問題として、毎年上がる販管費に加え、商品原価も上昇します。それをカバーし利益を上げていくには、今ここでやらなければいつおやりになるのですか？ということです。店舗は少ない人数でまわすことで、販管費の引き下げを行い、一方商品部では、しっかり人員を配置し、全社の収益増にかかってくる業務に着手しなくては、目前に迫る危機に間に合わないということです。

小さなチェーンであればあるほど、店舗数が少なく、経営資源が少なければ、すくないほど、専門特化しなければ、強みを発揮することは不可能です。だからこそ、本部の専門性を謳わなければならないのですが、「店舗に多くの人を配置し、本部は少ない人員で回す方法が理想的！」という旧態依然の考えから脱し人時生産性に手を付けなければ、減り続ける売上に歯止めをかけることはできないということです。

・「ノウハウを蓄積する」ということの本質

「とにかく売れそうなものを仕入れては売り、残れば何でも安く売る」…というやり方をとる企業があります。たいへん失礼かもしれませんが、収益で困っている企業の大多数がこのパターンをとっています。

なぜ、絵に描いたようにはまってしまうのか?これは、「ノウハウを蓄積する」ということの本質をしっかりと理解しないまま、見よう見真似で行なってしまっていることが原因として挙げられます。

つまり、本来、チェーン小売ビジネスとは、ノウハウに基いて仕事をするものであるにもかかわらず、そのやり方がよくわからないために、各個人に手分けしたやり方で仕事をするようになってしまっている、ということです。「それで、回っているのだから問題ないのでは…」という声が聞こえてきそうですが、そこには全て企業としての「作業賃」がかかっているということです。

それも、何か商品が売れた対価ではなく、「何か手足を動かしたり、作成したり、レジを打ったり…」といった作業に対して対価を支払うという動きになっているということです。

このため、品出し作業の早い人、レジ打ちの早い人といったひとに仕事が集中し、こういった人が不在の時は、品切れがおきていたり、レジでお客様をお待たせしたり、ミーティングが行われなかったりと、仕事の質が下がるだけでなく、お客様の期待を裏切り来店促進を逆行させる要因になります。

お客様が店舗に対して考える一番困る事の第一位が「担当の人が不在の時、誰も分からないこと」であり、「その人が異動になったり退職したら対応してくれなくなった」という苦情は本当によく聞きます。

このやり方には、従業員自身にとっても、非常におおきなマイナス面があることを知っておかなければなりません。

その代表例が、長時間労働です。長くいればいるほど収入が上がるため、無意識に長く働くことが常態化していくわけです。そうなれば、特定の人に残業が偏り過重労働で健康問題に発展します。

ここで大事なことは、その人のやっている作業がどういうものなのか？ということをいちど調査して明確にするということです。と申しますのは、そもそも「面倒な業務だからだれかやって」という業務をされている方が多く、そういったことほど改善余地があるものだからです。

そして、簡素化、標準化の可能性をさぐり誰にでも出来るようにすることで、店舗のサービスレベルを上げながら提供していく、というわけです。今まで個人任せで行われてきた業務を一度会社の手元に置いて見直すことによって、ノウハウ化していくことになります。ノウハウと聞くとどこかの企業でやっている特別なテクニックや手法があって、難しいものと思われがちですがそうではありません。

むしろ、どんな作業であっても、最初にそれを分解して考え、手分けしたり、一括化してやることで品質の高いものが出来上がるようにしていくことが重要であり、そこで初めて誰でもできる体制の重要性がわかるという事です。

収益力の高い企業というのは、特別に一人で高い売上をとってくるセールスに強い人が何人もいるとか、売れる売り場を毎日作れる人がいる企業でなく、だれもがその手順通りにやれば一定の確率で営業利益が上げられる企業ということです。

本業が上手くいっていることを表す営業利益率を比較してみれば、国内の店頭小売企業でいえば、トップはニトリの16％、次いでファーストリテイリングが11％で、小売業界平均水準1．5～1％からみれば高収益企業です（2019年度）

しかし、上には上がいるもので、全ての業種で見ていくと、計測器メーカーのキーエンスは営業利益率54％（2019年度）という数字が目に止まります。トヨタの営業利益率が8％で、製造業平均水準が3～4％からみても明らかに突出しています。その従業員の給与は平均１７００万です。研究所と営業所はあっても、工場はありません。自分たちで商品を作ることの無い製造メーカーですが、その強みは、お客様との契約の瞬間から逆算して商品開発までの全作業工程が組まれているということです。

顧客願望実現から商品改良はもちろん、販売ロスのない作業計画づくりは当たり前です。その通りに実行することで、どこで遅れているのか明らかにする作業指示徹底されているから高い利益率を得ることが出来るということです。

今でこそ、営業利益率日本一の企業ですが、過去何度も経営危機に直面したそうで、その時、全ての作業工程を常に見直してきたことがそのきっかけになったと後述しています。業種の違いはあっても、ビジネスに於ける利益を上げる基本プロセスは同じです。顧客の声に耳を傾け、商品仕入れ、店舗運営の人を活用し利益を上げるための仮説を立て、検証される仕組みが無ければ、企業にお金が残ること自体不思議といえるでしょう。

自社の作業工程を分析し、どうすれば、お客様を増やすことが出来るのか？その作業工程を組み立て、その通りに作業指示書に落とし込み進捗を確認する。ここから得られる情報は、企業にとって計り知れない宝の山だという事です。

・上場チェーン企業でも陥る罠

大手や中堅チェーン企業でも実際、作業指示書なしに、次々新店を出されているところもあります。弊社にお越しになられた方の中に、毎年、数店出店のペースで売上を増やしているというかたが何人も来られています。

毎年新店を出してさぞ安心して…と思いますか?人前では「売れそうな物件があるから…」と威勢はいいのですが、内情は大違いです。「競合が出てきたらどうしようかと、さまざまに画策してますが、安心して眠れません。売上が計画通りとれるか心配だし…」というのが彼らの偽らざる言葉です。

かつてのように、店を出して売れていけば、不安を抱く必要性は何もないのですが、「新規出店という名の既存店前年割れ」になっていることが大半だからです。ミイラ取りがミイラではないですが、「実際には、既存店売上減対策のための出店…」という、窮地にどんどん追い込まれていっているのです。

「今期は売上前年比割れでした、来期も下げ止まりそうない」となったとき、あなたはどうしますか?

ぬれ落ち葉のように、新規出店や新商品にしがみつこうとする似非成長チェーン企業が本当に多いのです。残念ながらこういった企業は、地域貢献どころか、明らかに「あそこはちょっと…」という存在になります。やたら品切れが多かったり、レジは空いてるときは暇にしているが、混んでるといつも待たされるとか、丁寧な接客をする人がたまにいるが、ほとんどは忙しそうに、すれ違ってもしらんぷり。

　本来やるべき仕事が組織的に明確化され、個人に割り当てられていない為、各売場長が要らない仕事を無理やり作り出しては、「あれやってください、それが、終わったら次はこれ…」と口頭指示方式で、人員を抱え、人時売上の改善兆しは全くみられません。本書の冒頭でもお伝えしましたが、本業で人時売上を上げることのできない企業は、必ずやっていけなくなるわけでその典型例といえます。

　チェーン小売ビジネスというものを、本当に正しく行なっていくためには、「作業賃」や「販促コスト」といった掛けた資金が回収できたかどうかを明確にすることが必要です。もし、掛け捨てになっていれば、本質的な安定もなければ、安心も出来ず、ビジネス的な大きな成長発展が望めないことは言うまでもないことでしょう。

　チェーン企業で、年商1千億超の上場経営者を何人も知っていますが、この金額を、維持するのにどのくらいの活動量が必要なのかちょっと計算してみれば分かると思います。年商1千億の人件費比率を13%とすると１３０億が人件費で、家賃・施設費を１２０億とすると、ふたつ合わせて販管費は２５０億となります。

一方、商品粗利を260億とすると営業利益は10億になります。問題はこの利益を増やすためにかかる作業の中身の分析をしないままに、それを予算という名のもとに固定化していくことにあります。

特に、企業規模が大きくなるほど、分業化が進み企業効率が上がることはお伝えしました。

しかし、人口が増え何をやっても売上を維持できた時と前提条件が変わった今、人口減でも利益が出せるようにするには、以前の組織や予算のままでは、企業を成長発展をさせることはできないのは火を見るより明らかです。

大手チェーン企業であれば、金融やテナント、コンビニといった他に収益事業をもつことで、本業の小売り事業が赤字でも、グループトータル数百億といった収益が上がるため、やっていくことも出来ます。しかし、本業で収益を9割以上稼ぐ中小チェーンの場合そうはいきません。

各主管部門が自部門の予算確保に執着している限り、効果の無いモノにお金をかけ続け、戦略投資に回すお金がなくなってしまうからです。

こういったことを是正していくためには、毎年行われる形式的な予算編成会議では、変えていく事はほぼ不可能です。

理由は簡単で、予算編成会議は、各部門の立場を主張する会議であり、自部門の予算が削られるようなら売上確保できないと主張するからです。売上拡大を目指す企業としては誰も反対できないことから、経営としても、一律平均的な見直ししか出来ないということです。

前職西友も上場していた時は、各主管部門の力が圧倒的に強かったため、この予算編成会議が大きな壁となり、販管費を下げることは出来ませんでした。

ウォルマートとの提携後は、この主管部門の前年実績主義を見直すために、トップラインの売上を上げることから、ボトムラインの目標利益遵守に変わり、その指標として、店舗の人時売上目標がはじめて設定されました。

しかし、そういった目標が設定されても、その攻略法を打ち出せず、全社利益は一向に改善しませんでした。

当時、どん底店の店長からその戦略立案する店舗統括に着任した私も例外なくその壁にぶつかりました。しかし、この経営の難しい店での苦しい経験が、今後の復活の大きく役立ったのです。企業が、成長していく為の鍵となるものは何か？ということに向き合う時間を持つことが出来たということです。

・お金の最も効果的に使うにはどういう方法があるのか？
・それを扱う部署はどこで、どういう手続きや交渉が必要なのか？
・そのために店は毎年いくら稼ぎださなければならないのか？

この三つがどこにあるのかを見つけ、いかに早く動くか？ということにかかっているということです。

店長であれば老朽化した店の設備改善投資にいくら必要で、そのために人時をどう運用するかということに限定されますが、本部には、商品、物流、宣伝、開発、管理といったお金を使う専門部署がいくつもあるので動かせるお金も桁が変わり、その費用対効果も大きく変わってきます。

しかし縦割り組織のため、年度で固定化された主管部門予算を店舗運営本部で削減できた人件費を簡単に振り替えて活用することが出来ないという社内ルールが立ちはだかります。

店舗運営本部でいくら頑張って稼ぐと口で言ったところで、少しずつでも数値が上向きに変わりはじめないことには、社内賛同を得ることが出来ないことがその難しさを増幅させていました。

しかし、出来る出来ないは別として、社を再生させるにはこれしかないと考え、店舗運営でコスト改善数百億を達成させるので、それを商品価格投資に転用するプランをＣＥＯ主催のトップミーティングの席で提案すると、主管部門が全て賛同してくれ一気に業務改革が動き出したことは前著の中でも書きました。

後で聞いた話になりますが、当時、西友ＣＥＯだったエドカレッジスキー氏から「これ以上、この業績に甘んじるようであれば、これまでの投資を引き上げ、見切りをつける」といった号令がかかったそうです。

ＣＥＯにとってみれば、社長のクビをかけたようなものです。これが、社内を動かすきっかけとなり、そこに、偶然にも我々のチームの改革プランを乗せることが出来たことで、その半年後に黒字転換できたということです。

どんな仕組みや技術も企画として、使われることがなければ、単なる電子データであったり、一枚の紙きれで終わります。「これを信じて結果を出せ！」と本心で社長が言葉にしない限りピンチをチャンスに変えることなどできない。ということです。

先のＳ社の社長も普段は、とても穏やかな方ですが、こと人時のことになると目つきが変わり、動かない社員に対しては、厳しく指導されることもありそういったことが、人時売上向上の原動力になっています。

というのも、S社の予算の中身の殆どが人手を使ってやることを是とした人件費構造であったため、売上減になったとたん、まさに会社が傾く…といったことが実際におこっていたからです。

小売チェーンビジネスの本質が「人時」にあるにもかかわらず「売上高」で利益を上げる構造から脱せず、地元で有名企業というイメージとは裏腹に、収益は日に日に悪化の一途をたどっていったということです。

多くの小売チェーン企業で、本業の利益率が1％前後にもかかわらず、社長ご自身が「立て直しのために、安売りで売上をとらなければ…」未だにそこ?といったことをと言わざるを得ないような話があります。

社内の公式会議で「売上」の話中心で終始するような企業は、ひと昔前の「売上規模が企業力の全て」程度にしか理解できていない為、このような失態がおきるのです。

収益を上げるビジネス…ということを正しく理解できているか。このことは、極めて重要であり、それは、チェーン企業としてのカタチ、つまり主力事業の収益力に如実に現われてきます。

・チェーン企業が儲かる仕組みをつくる二つの視点

では、チェーン企業が、しっかり収益を上げ、さらに自社の強み作りだすためにはどのようにすればいいのか？これらの問題をクリアにするために、有効な手段として上げられるのが「ステップアップ式」と「手法による特化」です。

分かりやすくいうと、「ゴールを示しどういった手法でやると説明をして、どのくらいの回数で結果を導き出す仕組みをつくるといった計画で動く」ということです。

企業として他にない強みを持つ為には、今ある自社のお店を「儲かるカタチ」にする必要があるからです。

その為には、多大なお金のかかる新店や商品力以外で特徴を持つ必要があり、「何を使って業績を上げるか」といった手法を打ち出し、ステップアップを図っていくことが必要です。

自社の強み作りをステップアップという形で描くことは、社員に対して「何をやってもらいたいのか」を解りやすく提示することになります。

人時生産性をステップアップで進めそのゴールに着くことができれば、次に専門性や特徴を打ち出す、商品力と合わせ、はじめて威力を発揮することが出来るからです。

先に申し上げた通り、売上重視による特徴づくりは、Ｄの店づくりの場合には有効です

が、Eゾーンの店の場合、そもそも人時を正しく運用出来なければ有効ではないとご説明しました。こういうと

「そこに売上アップ策も追加してもいいのでは」という声が聞こえてきそうですが、

――――せっかく儲かるようにしていくのであれば、まずは、利益をしっかりコントロール出来る手法で、その特化を誂えるようにしておいた方が非常に有利ですよ。とハッキリ申し上げております。

一般に、売上を上げるには、商品改廃、改装、決済手法見直しといった事が行われています。まさに、外から、丸見えの考え方で、お金さえあれば誰にでもマネできる訳で、見方を変えれば自社よりも資金力のあるところに簡単にマネされてしまうということです。

一方で、手法による特化とは、品切れ改善、営業機会拡大、ロス率改善、といったものです。外から見えることが出来ないところから取り組むやり方で、現状、活かせるものでやってみましょう。という発想です。この方式の最大の利点は、他社に知られることなく、お金もかからず、着実に成果をあげるという点です。

文字通り手法による特化のため、社内のさまざまな店舗や部門で活用できる可能性を持つことが出来ます。売上に縛られる販促強化ビジネスと大きな違いであり、人時売上であればこその利点であるということです。

外から見えるものを導入してやる場合、その特性上、「独自のやり方」を編み出していくことはきわめて困難になります。また、製品化されたものを流用するため、どこでマネも出来るわけで、要するに独自の手法とは相反する発想ということになるからです。

専門性や特化というやり方ひとつでも、４つのゾーンの違いをよく理解していないと、間違った方法で一所懸命やってしまうということです。実際、無駄に商品数を増やすことに特化して10年間も低収益に苦しんでいた経営者の方が弊社にご相談になられたことがあります。私から言わせれば、全く意味の無い収益アップ策です。

チェーン企業の場合、専門性を高めることと強みを増していくには、絶妙なバランスが必要です。そのポイントが店舗運営の「手法による特化」にあるということです。

・ステップアップ手法による営業力の違い

よく、「たかが実行計画のステップアップで、そんな大げさな…」と言われる方もいますが、本質的に「体系化」ということが出来ていない企業の場合、ご想像されているより、はるかに大きな効果があるのが、このステップアップ手法です。

端的に言えば、体系化されているものと、そうでないものとの差ですが、どのような違いがでてくるのか、簡単にご説明しておきたいと思います。

先に、人時売上を上げるには　売上を上げるか人時を下げるかしかないと申し上げましたが、多くの企業がつい売上を上げることだけを求め、自社より売れていそう企業の店舗を見に行こうとします。

冷静に考えてみればわかることですが、自社の考え方も決まっていない状態で競合の売れている店を見にいけば、その特徴に引きずられ売上重視イメージで売場を作ろうとします。必要以上の在庫や人時を抱え、半年もたつとそれでは人時売上をあげるオペレーションが出来ないことに気づきます。

どうしても見に行かれたい場合は、競合企業でも商品量もスカスカ、客数もガラガラの店を見にいって、その店の収益構造を変える事でも考えてください。と申し上げています。

これは、ＥＤＬＣ４つのゾーンでお話ししたように、Ｅを目指す企業として、Ｄは参考にならないというより害になるからです。

見るのであればＬかＣの店を反面教師にして、自社をしっかり見直すことで、非効率業務改善のヒントにしてください。という事です。

理由はシンプルで、一過性の売上をとる方法は、外側から見て真似ることができますが、継続的に人時売上をとっていく方法は外から見えないため、自社の実態を徹底的に調べ直していくしか方法がないからです。

隣の芝生は青く見えるように、隣の芝生を見て羨ましいと感じるのは自然な感情です。しかし、その感情を受け止めたら、他社と比較するのではなく、まずはどうすれば自社の芝生も美しくなるのか、そのためには何をしたらいいか、ベクトルを内側に向けるということです。

大事なことは、競合と比べて落ち込んでいる間にも刻々と、その差が開いていくことを感じてしまうと、変わることができなくなることから、まず、他との比較をやめるということです。

ビジネスとは、限られた時間で結果を出していくことであり、その時間の中で大切にしたいこと、優先したいことは企業によってそれぞれ違います。自社が目指すゴールを達成するために必要なことを整理し、収益が上がるコトだけに集中して投資していくということです。

そうすることで、自社の人時に夢中になることができ、隣の競合が気にならなくなるものだからです。

このことは、店舗運営にとって、想像以上の違いを生み出します。販売力が大きく変わるのです。他社比較型の場合は、価格や見た目を重視することからどうしても、商品や人を多く抱えなければならず、大手のような資金力がモノを言います。一方で自社の人時売上に目を向けた対策は、お金を掛けずに、ムリなくオペレーションが出来るため、対顧客店舗コンディションが改善され、店舗の支持率が上がります。

つまり、価格勝負であれば、仕入れや広告宣伝や動員力で、大手に分がありますが、きめ細かい対応を考えるのであれば、まさに作業指示書の運用力勝負となり、今まで活用していなかった中小型企業は、巻き返しのチャンスがあるからです。

要するに、勝負ポイントが変わってくる…ということです。「うちは、いつでも、必要な商品を欲しい分だけ買えるサービスを提供しています。何でもお気軽にご相談ください…」というやり方は、作業指示書の上に立脚出来ていれば、成立する手法、ということです。

ステップアップ式の場合、この作業指示書の活用内容が勝負ポイントであり、それを知恵とアイデア、工夫によって対顧客店舗コンディションと人時売上の魅力を大いに高めることが出来ます。しかも、ステップアップしていくため、現状に甘んじることなく人時売上を高めていくことができ、圧倒的に他社に追従できない人時売上を上げるカタチになっていくという利点があります。

第6章

社内の知識・経験＋ノウハウを活かし大きなお金に換える具体戦略

Ⅰ人時売上更新までを、意図的に変える「導線設計」の実務

・人時に取り組む前に、絶対準備すべきこと

儲かるチェーン企業になることを目指して。「よし、人時売上を自ら引き上げていくぞ！」と元気よく活動開始宣言をされ、最初にはじめようとする最も多いパターンが作業指示書の導入です。

もちろん、弊社としても「人時割レイバースケジュールは自社で活用出来るようになったくださいい」とお伝えしているわけですから、作業指示書の導入は全く問題ないし、ぜひ行なってほしいと思っています。

ただし、作業指示書を導入する際に「準備不足」でスタートを切ってしまうケースが非常に多いのです。準備不足で動かそうとすると、当然ながら成果は出ません。実にもったいないことになるわけです。

準備不足と言っても、作業割当てソフトの使い方や、ツール類の整備といったことではありません。何が不足してるかと言えば、「導線の設計と用意」です。これが、ほとんど手つかずのまま、作業指示書を導入しようとする社長があまりにも多いのです。

全体概要は運営部長が話すだろうし、具体的な取り扱い方法はシステム会社が用意し説

明するはず。あとは、現場の店長と売場長が、がんばれば…と、息巻いて導入を進めるのはいいのですが、少々、冷静に考えてみてください。

「あなたの企業の店舗の方は、どんな段階を踏んで契約人時の改定に至ると思いますか？」

いかがでしょうか？残念ながら、このことを考えていない方が非常に多いのです。

この、「どういった段階を踏んで契約人時改定に至るか」、また「どういったルートで契約改定に至るのか」を弊社では「導線」と呼んでいます。分かりやすく言えば、さまざまな業務改善活動から、個別契約見直し完了するまでを想定して描いた、「店舗をローコスト化に導いていく流れ」ということです。

この導線設計を良く考えずに、単に作業割当てソフトを導入して一所懸命に人時削減しようとしたとしても、成果はまず望むことは出来ません。

人は誰でも、自分都合で考えるもの、作業割当表ソフトを導入したら「誰かがそれを使う」ようになって、そこから「人時数が自動的に下がっていく」などと思っているとしたら、あまりにも自己都合ですべてを考え過ぎということです。

何もとびきり難しい話をしようと言ってるのではありません。経営として数百万を超える投資を検討しているとき、ご自身がいったいどんなことを考えて行動するかを想像すれば、すぐにわかることだと思います。

・運営部長の概要説明を聞いて、店舗はすぐにやってみようと行動しますか？
・システム会社の説明を受け、すぐに必要データ入力を開始することが出来ますか？
・必要データが入力出来たとして、どのくらいで人時削減効果を手にすることが出来ますか？

いかがでしょうか？

なかには「すぐに行動する」という、せっかちな方もいるかもしれません。しかし、そう答える方でも、「社長から言われたから」というのが、大きな理由だったりします。普通の場合、「いやいや、なぜ、これをやるのか、ちゃんと説明しないと誰もやらないでしょう」とお答えになります。そして、その答えが圧倒的に大多数です。

このことが何を意味しているか。要するに、「投資はしたが、成果を得るにいたるまでに、何かが足りていない」ということを、社長自らが感じているということです。この足りないものを埋めなければ、なかなか成果を得ることは出来ないということです。

・販促強化で売上を上げても人時売上は変わらない

「足りない何か」を埋める方法として、売上攻勢で解決しようとする人もいます。弊社では、これまで１００人以上の経営者の方と直接的に関わってきました。そう言うなかには、「販促強化で、前年売上は維持してきた」といった販売力の強さを語るかたもいらっしゃいます。また「新規出店と改装で20年以上増収を続けてきた…」という方もいます。

こうした圧倒的な「人材と資金力」をお持ちの方であれば、既存店の落ち込みをカバーし続けることも夢ではありません。実際に、そういった方法で毎年着実に改装を実施していくことで、他社より高い売上の伸びを獲得された方がいるので、私も驚かされたことがあります。

ただし、他の企業がそれを真似できるのか、また、仕組みとして誰かに頼んで出来るのか…というと、これは、話が別です。その企業内の特定の人が持つ繋がりを活かすといった、たぐいまれな才能によって、営業が出来ていることと、誰がやってもある一定の成果が出るということとは別なのです。

これは、前職西友で、○○球団優勝セールや、創業祭、カード優待といった販促強化が売上を長年にわたりけん引してきたことと同じで、売上が伸び無くなり横ばいになった時点で、その収益構造について、即座に検証しなければならないからです。

しかし、過去の成功体験が忘れられず、低い収益構造を放置しイケイケドンドンでやり続け、経営破たんに追い込まれたことは前著でも触れました。

取り扱いアイテム拡大のための増床や、全社の販売量を増やすための出店も同じで、売上は伸びたが利益が増えない場合は、一旦立ち止まり検証が必要なことは言うまでもありません。

品揃え拡大と販促強化で売上アップ策をしていくための「足りない何か」を気にとめず、コストが何処にどれぐらいかかっているのか把握しようとしなかったため、ザルで水を掬うように何も残らないという問題を企業として抱えていたわけです。

つまり、こういった問題の実態をあぶり出す仕組みがなかったことから、業務が煩雑になり必要人時は膨れ上がっていったのです。

この煩雑化が「特定の人にしかできない＝人に仕事が付く状態を引き起こす」ことになり、業務標準化の遅れを招くことになったのです。そのため企業成長に欠かすことのできない新規顧客開拓に手が回らず、企業自らを厳しい状況に追い込んでしまったのです。

現に、ネット通販やネットスーパーなど、新規顧客を増やすことに力を入れている企業ではポイントアップや○○セールという企画は大当たりします。

一回のセールで何倍もの売上が獲得できるのは、会員が増え続けていることがベースになっていることは言うまでもありません。

人口減の時代だからこそ、企業のファンづくりや新規会員獲得は重要であり、販促強化の前に、顧客を増やす仕組みがあってはじめて上手くいくという事です。

そう言う意味では本質的に人時売上と新規顧客開拓はセットで考えていかなくてはならないということです。

・人時売上と新規顧客開拓の一貫性はあるか

では、チェーン企業の人時売上と相性のいい新規顧客獲得策とは、どんな方法があるのでしょうか。販促強化チラシなどの「こちらから仕掛ける」プッシュ型の営業方法の場合、売れる売れないにかかわらず、商品を切らさないようにする為に販売予測数以上の量を、仕込まなければならないという欠点があります。

店舗はそれにあわせ人員を手配するわけで、かかるコストはいたるところで増幅されます。人口増時代で売れた時代は、一方的に送り込まれる商品を売り逃さないために人を多くもとうとするのは、ある意味当然です。

本書で長らくご説明してきた通り、チェーン小売りは「人海戦術」の代名詞のようなものでしたから、ずばりこういった粗削りな営業方法で売上を伸ばしてきたわけです。

今のような人口減少時代は、別の方法で行なう必要があるということです。この方法を、弊社では「見つけてもらう営業方法」と呼んでいます。

わかりやすくいえば、日々の店舗運営の姿勢をお客様に評価いただきながら、自社のことを理解してもらって利用してもらう…」ということです。

これを、チェーン企業として最適化させていくことで、大きな効果を上げていくというものです。

具体的には、

・対顧客店舗コンディション評価→顧客評価→運用改善→店舗ファン数拡大

といった一連の流れで、評価点数の低い業務項目の改善によって、店舗のファンが増えれば、まさに理想的です。

業務改革部門は、予め店舗の理想的な状態を頭の中に描きながら業務一つひとつに向き合い、少ない人時で新規顧客を獲得可能な取り組みへステップアップしていくことになります。また、業務改革のメンバーは、そういった一貫した取り組みを体系化し、他店で再現化させていくため、企画力や文章力といった万能性を身につけていくことになります。

「なんだ、アンケートをとって問題点を書き出せばいいんだな…」と思われた方、ご注意ください。この理想的な状態とは、まさに「理想」であり、大きな落とし穴がいくつもあるのです。

最大の落とし穴は、人時売上活用導入時に取り組む、「業務項目」の設定がきちんとできていないと、その場しのぎで終わってしまうということです。

例えば、「接客」という業務項目ひとつとっても、単なる売場案内なのか？商品説明を要するものなのか？　対面なのか、電話やメールなのか？

その対象部門は？…と言った感じで定義できていませんと、店舗のどの業務項目に該当することなのかわからないことから、根本的改善にならないからです。

店舗業務の定義を明確化することは、ムダな業務を止めるだけでなく、対顧客店舗コンディションを向上させ、新規顧客獲得していくための一貫した収益向上活動の第一歩であるということです。

つまり「業務改革プロジェクトメンバー全員の頭の中で、店舗で人時売上を引き上げ儲かるようになっていく一貫性がある」ことが必須になるということです。

この一貫性なくして、作業割当システムをいれ人時が下がったとしても先にお話ししたように単なる「まぐれ」でしかなく、基本的に「営業利益改善にならない」ということが起きるわけです。

弊社にはさまざまな方がお見えになると申し上げましたが、そうした中には、年商500億以上の企業の社長さんが何人も来られています。

業界で500億という数値は、間違いなく中堅の部類に入ります。数百億でさえなかなか届かないのに、いつかは500億と夢見る人もいるほどです。

それだけ売れているなら、さぞ儲けになっている事でしょう…と、誰もが思うかもしれませんが、実際には、売上対営業利益率２～１％前後で、これではやっていけない…というケースが多いのです。理由は言うまでもありません、「人時売上と対顧客店舗コンディションに関係の無いこと」をやり続けているからです。

ひどい場合は、対顧客店舗コンディション評価は下がり、人時が増えてしまうような企画を次々打ち出しているのが、店舗運営本部だったりすることがあるのですから、この考え方からすぐにやり直さなければならないということです。

当然ながら、こうした面々が主管部と連携して行おうとする業務改善は、一時的に人時売上がったように見えても、右肩上がりならないことが殆どだということです。

こう申し上げますと、「仕入れや在庫管理システム、棚割りといった、グループウエアを入れたら人時削減に繋がった…」と反論される人がいます。ここでも似て非なる主管部門の罠にはまっていることに気づいていないのです。

管理部門が管轄する　物流　人事　財務　情報システム…などの主管部門が主体でおこなう非効率業務改善では、たしかに店舗の事務作業が軽減されます。そう言う意味では、店舗の後方業務の作業軽減になり人時削減に繋げることが出来ます。

ここで考えていただきたいのは、店舗事務作業に関わってる人時はどれぐらいあるか？ということです。一般的には全体人時の１割以下であることから、人時削減の量が少なく、全体に与える効果は僅かだということです。

もちろん何もやらないよりはましですが、同業他社と同じシステムやグループウエアといったことであれば、そこでの差別化は事実上できなくなります。

ようするに、全ての店舗業務の中で、どこから手を付ければ人時生産性が上がるのかを考え、独自性で勝負しなければ、その他大勢の中に埋没してしまうということです。

自社にとって何が良いのか真剣に考えた上での組み合わせあってこその、企業成長なのですから、そこは一貫していなくては、削減できるはずの人時までみすみす見逃してしまうことになるからです。

この点は、きわめて重要です。社長がいまやろうとしている取り組みは、本当に「企業として収益構造改革として一貫性がありますか?」ということです。

単に、一括管理できれば、本部の業務も楽になる…と思いついたのかもしれませんがよく見れば、微々たるコスト削減だけで、全体の収益構造改革とまるで関係ないことに高いお金を投じていることがあります。あとになって気づき部分修正しようとしょうも、お金が掛かると言う理由から変えることが出来ずかえって高くつくということです。そういったことを回避するためには、実態調査を深堀りすることから始め、実際にどのように結果を変えていくのかということを行なっていかなければならないということです。

・実態調査の深堀りで変わる3つのこと　理解度　真剣度　実現度

さて、実態調査というと、追跡調査やヒアリングミーティングはどうやる？という話になります。勘の良い方ならすでにお気づきのこととおもいますが、ここでも、例外なく、結果を導き出すための導線計画が必要となるということです。

よくあるのが、事前調査だから…　テストだから…という気持ちが社長の心の隅に僅かでもあるとまず上手くいかない。と申し上げています。

例えば、追跡調査であれば、「単に作業している人の後をついていけばいい、そんなことなら誰がやっても同じなのでは？」という単純に作業レベルで考えてる人があまりにも多いということです。

追跡調査の目的は、業務の流れを把握することにありますが、その一つ一つの動作を言語化していくことがとても難しいということです。

具体的には、品出し作業はどこからどこまでを指すのか？ある人は　倉庫から商品を持ってきて陳列してダンボールの廃棄まで。という人もいれば、いやいや、単に箱から出して棚に並べるだけ。という人もいます。

中には、倉庫備蓄からもってくる商品と、直接納品されたもののどちらを品出しとすればいいのか？等々、その場で次々行われていく作業の流れを、瞬時に言語化し調査表に記入していかなければならない。からです。

そして、そこには全て賃金が支払われているわけで、やり直しがききません。限られた時間の中で、様々な問題にその場で判断していかなくてはならない真剣勝負の場であるということです。

実際にやってみるとわかるのですが、役員や部長クラスの方にやっていただくと必ず、「これは何をやってると書けばいいのですか?」とか「どこから、どこまでを区切ればいいの?」という質問が現場では飛び交います。

さらに出来上がった調査表を拝見すると、何が書いてあるのか?という以前に、字が汚くて読めないという珍事があちこちで起ったりします。

事務局が調査用紙を回収し集計作業に入ろうとしたところ、「読めなくて集計できません」ということもしばしばで、やり直しを指示したことも何度もあるくらいです。

調査をする前に、目的や調査方法はもちろんですが、営業時間中にやるわけで、調査員がお客様に呼び止められたらどうするといったQ＆Aまで想定してやることになります。

まさに、幹部自らがコスト意識をもち実践調査にあたることで、人時生産性活動は初めて意味を成してくるということです。

実際に作業をしている方の後を付いて回ると様々なことが見えてきます。例えば「品出し」ひとつとっても、同じ人がやっているのに、10ケースの商品陳列にわずか数分で終わる時もあれば、20分以上かかることとあるという事です。

ご本人の名誉のために言っておきますが決して手を抜かれているわけではありません。理由は明快で、店内が空いていてお客様が少ない時の品出し時間は短くて済みますが、夕方の混んでる時間帯に行う品出しは全く状況が変わってきます。

バックヤードからカートを売場まで移動する間にも、お客様から、売場を尋ねられたり、品切れしている商品の入荷状況を聞かれたり、レジ応援がかかったりするのは日常茶飯事です。

やっと持ち場に戻ったとしても、お客様が売場の前にいて少しずつしか商品補充が出来なかったりと、店内の混雑状況によって同じ作業でも大幅にかかる時間が変わってくるのはこういったことからです。

ちなみに、前出のS社ではこの調査結果を受け、早速、品切れしそうなアイテムの陳列量を拡大しました。その上でピークタイムの品出し作業を止めるため、作業指示書の中で流れを組み替えるようにしたのです。

「それくらいは店の判断でやればいい」という声が聞こえてきそうですが、言うのは簡単でも、店舗ごとにやってしまうと様々な問題が起きることになります。

例えば、陳列面積は限りがあるため、売れる商品の陳列量を増やすには、他の商品の陳列量を削ることが必要になります。この調整は1ケースあたりの入数と大きく関係してくることから、店舗判断で、勝手に売場の拡縮をやってしまうと、売場に入りきれなかった商品を別場所に保管し再び品出しをしなくてはならず、逆に人時がかってしまうことになりかねないからです。

実際にS社でフェイス変更を行った際には、業務改革部が「品出しに関する非効率業務改善」といった要望書を商品部に提出し、商品部に平均販売予測数量から最大陳列量に基づく、棚割り表を再作成してもらい、その指示に従い実施していくことになりました。

「たかが棚割り表でそんなおおげさな・・・」という声が聞こえてきそうですが、

これによって、プロジェクト導入店の品出しにかかる時間は減ったわけですが、この後、商品部から他店へ順次新しい棚割り表が提示され変更実施の指示書がだされました。

このように、業務改革部が中心となって非効率業務を各主管部門に要望書を出すことで、各店の作業人時削減され、契約人時が変わっていくわけです。

もし、これを、プロジェクト導入店だけ、店長の判断でやったとしたら、他店で再現発展させることは出来ません。さらに、この先、店長が変われば、また、元のやり方にあともどりしてしまうのは火を見るよりも明らかです。

社長曰く「この調査に運営部長自らが加わり、理解を深めたことで、はじめて導線計画の取り組みをしようという動きになった」という言葉がそれを物語っているといえるでしょう。

ついでに、もうひとつ事例を申し上げますと、S社では夕方のピーク前に、クリーンタイムという全社的なルールがありました。

読んで字のごとく「この時間は売場の掃除をしましょう」という社内美化活動の一環としてスタートしたものです。

具体的には、各部門1名ずつ出して、担当売場周辺の掃除を全売場参加型で行われるものです。実際に、追跡調査記録にも「○時○分から10分床清掃」といった記録が書かれていました。

問題となったのは、調査記録の片隅に「汚れていない時間帯の掃除をすることに意味があるのか？」という現場の社員の声のメモが残されていたことでした。

――これはどういう意味ですか？とお聞きすると、

「現場の社員の声からでてきたものを記載した」とのことで、それがプロジェクト会議の遡上にあがり議論になりました。

社長曰く「この時間帯は各部門の作業が一段落し、手が空くのでピークタイム前の売場点検と言う意味でクリーンタイムを設けた」とのこと。

しかし、昔のように大勢の人がいた頃であればまだしも、人が少なくなった状態で続けるのは難しいという現場からの声がでていました。

仮に、各売場10分として6売場であれば一人時がこれにひきあてられているわけで、このクリーンタイムは本当に必要なのか？と是非が問われたのです。そこで、再度この時間帯について調査し次月のプロジェクト会議の場で報告というかたちになりました。

翌月、業務改革チームから、報告された資料には、「さほど汚れていない床をモップで掃除をしている動作をしている」画像が10枚ほど映し出されました。

問題は、その時間は本来何をすべきか？ということをこれまで真剣に考えてこなかったことにありました。そこでLSPを使い見ていくと、クリーンタイムのために、休憩時間がとれなかったり、早番遅番の引継ぎが上手くできなかったりして、それが時間外労働になっていたことも見えてきました。

また、クリーンタイムが無くてもＬＳＰで部門ごとに掃除の時間はしっかりとられ美観が維持されていることから、この啓蒙活動はこれを機に役目を終え、めでたく止める業務となったのです。

こうして、ＬＳＰを通して真剣に業務を見ていくことで、お客さんがいない時間帯＝暇とは限らないことがはじめてわかるということです。

ＬＳＰは導入して終わりではなく、このように導入してから見えてくるものの方が圧倒的に多いと言えます。形骸化してしまった業務などは、こうした視点で、追跡調査をしっかりおこなっていくことが、高い営業利益を実現させることに繋がるということです。

Ⅱ意図的に人時売上が変わる仕組みが無ければ、収益力が上がるビジネスにならない

・見えてないことを浮き彫りにする店長レポートの活用で初めて収益力は変わる

さて、人時力、商品力についてお話してきましたが、人時売上力の要素の中で総合的な影響を及ぼすのは、「販売力」です。なぜなら、もっとも直接的であると同時に、多くのチェーン企業の社長の方々が、ほとんど何も手を付けていないに等しい…という、恐るべき現実的な問題があるからです。

先に、社長や運営部長は店舗指導に丸腰で行ってはならない。と申し上げました。これは　言い方を変えますと、店長を丸腰で売場に立たせてはならない！ということです。

仕事柄、チェーン企業の社長の方や運営部長の方々が弊社へお越しになるのですが、なかでも多いのが「店舗間の格差がある」というものです。

いわく、「優秀な店長のやり方を真似たり、その手法が横展開できたら、さぞすばらしいことだと思うけれど、会議で伝えても上手く伝わらないし、その店舗に参加者を集めるのも難しくて困っている」と。

こうしたとき、実際にどのようなことをされているのか、細かく伺ったりしていますが、

常々思うことは、「そのやり方では、とても人時売上は上がらないでしょう！」と、思わず言いたくなるほど「店長の仕事に無頓着」な社長があまりにも多いのです。

そもそも、人時売上を上げたいと言っておきながら、なぜ店長を丸腰で売場に立たせているのか？これも、不思議中の不思議と言わざるを得ません。

「そんなことない！」との反論も聞こえてきそうですが、現実問題、私から言わせれば、圧倒的大多数が、丸腰で店舗運営を行なっているのが実態です。

丸腰とはどういうことかと言えば、店長が出社して、店内巡回する時に昨日の店舗運営の実態をチェックする端末もなければ、実績を示す資料もない、用意してあるのは携帯電話と売上実績だけ、というような状態です。弊社ではこれを丸腰店長と呼んでいます。

日々の店舗運営活動において、店長が見るべき必要なものが何ひとつ用意されていないからです。世の多くのチェーン経営者の方に、ここで、申し上げておかなければならないことがあります。それは、

「店長の責務は店舗ロス最少化と新規顧客開拓活動である」ということです。

このことが腹の底からわかっていない限り、すべての準備も活動も、水の泡になってしまいます。喉から手が出るほど欲しいといってる「店舗利益」なのに、自店の店舗運営状

況を説明するまとまった店長用専用資料となる店長レポートが、日々自動で出力されないということは、これを丸腰と言わずなんというのか？ということです。

店長レポートとは、売上、人時、商品ロス、品切れ、現金ロス等の店舗が管理すべき重要ポイントが毎日の実績となって出てくる帳票のことです。店長は出社したらこのレポートを片手に売場巡回をすることで、売場のスタッフと情報交換をしてどこにロスが潜んでいるのかをマークしていきます。例えば、人時実績予算オーバーの場合、どの売場のどの業務が時間通りに終わらなかったのか？とか、品切れ件数の多い売場の発注はどのようにおこなわれているのか？であったり、自動発注であれば実在在庫の異常値修正がルール通り行われているか？はたまた、ＩＤ別レジの過不足金に至るまで、日々のロス金額が一目でわかるようになっているといったものです。

塵も積もれば山となるわけで、仮に毎日1万円のロスが発見でき改善が進めば、年間３６５万円ロスが減り、営業利益の桁が変わってくるからです。

実際、これまでご相談になられた方々で、店長レポートが日々出力されるという企業は、ゼロで、逆に驚くべき確率で　売上概算と携帯電話だけは用意されています。

語弊を恐れず申し上げれば、携帯は無くても店舗巡回には支障ありません。しかし、店長レポートは、絶対なくてはならない道具であり、これを用意せず店長マネジメントを任

せるなど、店舗運営の本質がわかっていないということです

「売上未達の要因はチェックしている」との声が聞こえてきそうですが、ベテラン店長によくあるのが、売上未達の売場に対し、接客指導だとか、魅力的な売場づくり、商品ボリュームといったことを、売場長に指導する。ということを言われる方がいます。全く関係ないとは言いいませんが、そもそも、店長レポート重要チェック項目にはそういったことは掲載されません。

つまり、店長としてそういった指導は、ほとんど効果なく、時間の無駄なのでやってはならない。と申し上げています。

理由はシンプルで、ＥＤＬＣ４つのゾーンで申し上げている通り、表面的な売場の見た目と人時売上は関係がないからです。

むしろ、目に映らない、品切れ、値下げに対し日々の利益棄損となるロス実績がどう改善されているか？で店舗収益率は大きく変わるということです。

やれ接客だ、商品ボリュームだ、売場手直しだ、といった見た目で、人時売上が上がる、といった「まことしやかなウソ」を信じて、遠回りをしているケースが余りにも多く、そういったことは、すべて、人時生産性の本質とは無関係だからです。

・長年のキャリアに依存した発注で収益が上がることはない。

販売力を引き上げるサイクルのスタートは、なんといってもその商品発注にあります。売上面で言えば8割を占める定番売上がこの発注にかかってくることから、発注が大事なことは言うまでもありません。この発注業務が、正しく行われていれば、売上は上がるし、品切れ、値下げに伴うロスを予め防ぐこともできる。ということです。

ここでお尋ねしますが、

――その商品発注状況はどうなっていますでしょうか？とお聞きすると…

「うちはベテランがいるから大丈夫」とのお答え。

もう一つ質問です。

――発注した商品の値下げ金額は日にどれぐらいありましたか？

「それは、調べてみない事にはすぐにはでません」

さらにお聞きしますが

――発注した商品が納品された日の定番商品の品切れはどのぐらいありましたか？

「え！…」と言葉に詰まります。

もちろん、発注をはじめとするほとんどの業務は、担当者やパートさんに権限委譲されているわけですが、毎日数百アイテム行われる発注の内容を点検する仕組みの無い企業にとっては、現実的な丸投げになっているという事です。

かつて商品原価も安く、人件費も低かった時代はそれでもなんとか利益を出すことが出来たわけですが、昨今の商品原価の値上げ、人件費の値上げといった状況を見れば、発注が正しく行われているかどうかを見直すことは待ったなしということです。

実数から計算してみればわかることですが、発注担当者は営業日数に対して３割はお休みですから、その分の過剰発注や品切れは避けられません。また、すべての店に同じスキルを備えたベテランがいるとは考えにくいことから、店舗間格差はこういったところからも生まれます。

そもそも、人間は歳をとるものですから退職・異動はつきもので、永遠にベテランがいるわけではないことです。益々労働人口減が進む中、現状のキャリア依存の先には、かつてのような時間をかけ育成するのは難しく、プラスの要素はないという事です。

さらに、コスト面で言えば、調達コストの中に占める商品原価費の対売上構成比は７割と最も高く、これは人件費の約５倍の額に相当します。このもっとも大きな部分にかかってくる値下げロスや、品切れロスは相当な棄損金額になるということです。値下げとそれにかかる経費で売上対比０・５％改善が進めば、そのまま営業利益としてプラスオンされるわけです。

こういった必要データの掲載された、店長レポート片手に売場を巡回し、発注担当者と毎日5分でいいのでその問題について話し合うことができたらどうなるか？それを店長業務として作業指示書に組み込み、すべての店長がその行動をとるだけで営業利益の桁を変えるのも不可能ではなくなるということです。

これまで　自社で20年かけて育成しなければならなかった店長を5分の1の4年で育成する仕組みがあれば、時給３０００円のキャリア人材を雇い即戦力化させることも夢ではなく、人材確保と、店舗利益の両面で高収益安定化を目指すことが出来るということです。

・自動発注は入れたら終わりではない、ここでも導線計画はできているか？

こういった話をしていきますと、次に出てくるのか、自動発注ってどうなのだろうか？という話です。現状各店に発注担当者が数名いて、１人あたり数百アイテムを受け持っていて、指定休の３割の間は、予想で埋めていく手動発注方式に、明るい将来性はあるでしょうか？と言えば、残念ながらあるとは言い難いと思うところだと思います。それを自動化にすることによって、数百どころか何十万アイテムを、自動的に発注がかかるように組まれたシステムであれば、３６５日休まず、稼働してくれることからとても便利であるということです。

しかし、導入の前提条件として、商品マスターが整備されてることや、数千万かかる導入コストやメンテナンス費を考えるととても手が出ない。ということもあります。

そもそも、自動発注の目的はなんなのか？ということをお聞きすると、多くの社長は、売上アップため、と考える方は多くいます。

確かに、入れるからには、売上効果がないと…という方もいて、間違いではないにしても、そこは未知数。と申し上げています。というのは、自動発注を導入して、一定確率で売上効果があがり続けたかどうかを測ることができないからです。

その目的はズバリ人時生産性改善にあるということです。たとえば、あるお店に発注担当者が10人いるとすると、10店舗あれば１００人、30店ある企業では、３００人の発注者担当者がいることになります。

これが自動で回るようになると、店舗の発注担当者は基本的に0人になることから、人時売上は上がります。

また、これまで、担当者の指定休には売れ行きを見ずに行ってきた予測発注が、データに基づく発注に置き変わることで、過剰発注による値下げロスや品切れによるお客様からの問い合わせ時間も大きく変わってきます。

さらに、データによる帳票在庫と実在在庫の差異から、日々の盗難による棚不足ロスを防ぐことが出来るという点があげられます。

つまり、自動発注ひとつで、最低3つの生産性改善の取り組み成果を手にすることが出来るということです。こういうことを言いますと、うちが受けてるサービスやシステムではそんなデータは出てこない。という方がいらっしゃいます。

各社いろいろなお考えがあるのでそれをどうこういうつもりはありませんが、経営としてしっかり儲けが上げることができるか？という視点で、このシステムやサービスの構築について考えていますか？ということです。

ザックリ計算すると、年商10億の店舗で、発注者10人いたとすると、一時間×10人×

３６５日×０．７＝**２５５万円**（時給千円換算）、一日当たり品切れ件数、１００件の問い合わせ率20％として、20件×３分（１人のお客様にかかる時間）＝60分×３６５日で年間36万円。　値下げ率売上対比０．２％改善で**２００万円**、棚不足率０．２％改善で、２００万円トータル約７００万円の直接利益が変わってくることになります。

簡単な話、導入に一店舗１０００万かけても、投資回収17カ月で二年以内に回収できて、そのあとのメンテコストも十分払えるレベルということです。勘のいい方ならお気づきのことと思われますが、この計算式には、コントロールの難しい「売上アップ」といった要素は含まれていないことから、実現性の高い仕組みの一つである、ということです。

自動化については、まだまだ見えにくいことがありますが、社長でなければ分からないことも多く、そういったことをプロジェクトを通じ、実務に落とし込んでいく中で人材を育成できるのは大きなメリットの一つです。

・何でも自動化に要求する愚、その落とし穴とは？

「自動発注にしたのに、上手く回らない」

「自動発注化したのに、人時売上が上がらない」

こういった問題は自動発注を導入している、社長さんから聞かれる声です。社長ご自身がこういったことを言ってこられる企業は、まだ、いいのですが、こういう問題がおきていることすら気づかれない社長さんが多いのには驚かされます。

そういった企業の共通点は、「やってる商品群と、やっていない商品群が混在している」とか「入れたはいいがこの先どうすればいいのか？見えない」ということです。多大な投資をして導入したものの、導線計画をつくらず、システム会社に丸投げしたことから、導入効果が得られない状態になってしまっているということです。

前出のS社でも自動化したものの、実際に売場に行って追跡調査をしてみると「一部分の商品マスターが未登録のため、発注担当者が今まで通り発注作業に張り付いている」とか「自動発注にしたものの　予定通り商品が入ってこないから修正発注に手間がかかる」と言った声があちこちの売場から出ていました。そのため自動発注が機能せず、店舗も半ばあきらめムードになっていたことが浮き彫りになりました。

原因は、自動発注によって、人がやるべき業務が変わることを明確にした導線計画が欠けていたことにありました。

簡単な話、導入したら、社内のだれの手も借りずに、全自動で商品を発注してくれるわけではないということです。例えば、商品部では、商品マスターいわゆる、商品の発注・仕入れ単価情報と販売用の販売単価情報を更新管理するには人の手が必要です。

一方、店舗では、自動発注された商品は予定通り棚に並んでいるか？その品切れ状態をチェックするのは、やはり人の目で確認していかなくてはならないことだからです。

こういいますと

「なぜ、自動なのに、品切れ点検の必要があるのか？」という声が聞こえてきそうですが、

今までは、各自が端末を持って在庫を確認し、発注しデータ送信を行うといった一連の流れであったわけですが、これが自動発注になると、この一連の作業はすべてなくなります。

しかし、最終的にあるべき状態になっているかどうかは、目視で確認していくことが必要だからです。というのは、商品品切れの要因の違いによって、店長が打つべき手が変わってくるからです。

大きくは、商品部による品切れなのか、店舗なのかの２つ分かれますが、その殆どが店

舗運営にあることが分かっています。

最も多いのが、倉庫や荷受け場に在庫があって、品出しがされていないということです。自動発注が稼働し始めると、余計な在庫を持たなくなります。納品されたらすぐに売場に出さないと、品切れが起るため、レイバースケジュールで作業指示が組まれていることが必須条件になるということです。

次に多いのが、カット商品（取り扱い終了）の商品があるということです。商品部から棚割り変更指示がきているのにもかかわらず、店舗側がその〆切期日までに、棚割り変更が行われなったときに、品切れが起るというものです。

三つ目に多いのは、盗難です。特に、高額商品に多いのですが、データ帳票上は、売場在庫があるはずなのに、実物がないというケースでこれも品切れの要因のひとつとなります。

こういった要因別対策とセットで、導線計画が立てられていないまま、自動発注が導入されていると大変なことが起ります。

たとえば、

・倉庫在庫に気づかず、店長に「発注しろ！」と言われ手動発注で、在庫過多になった。
・棚替え変更が行われないまま、カット商品の売場棚を他の売れない商品が占拠していた。

・窃盗犯に狙われて、売上計上されないといったことが起り棚不足発生。

といった事が起きることから、使う仕組みやツールが変わる時は、導線計画をしっかりつくりその通りに実行することが最大のリスク回避になるということです。

大事なことは、自動発注は人時生産性を上げるためのツールであり、人時売上の仕組み作りの石垣の上に構築されなければ、損失を被る諸刃の剣ということです。

第7章

事業承継のチャンスを活かす、儲かるチェーンストア実現の道

Ⅰ導線設計から考える業務改善計画の実務戦略

・表層的な現場調査では、ムダなど見破れない

販売力を高める店ごとに日々アウトプットされる店長レポートは、人時生産性を上げていく上で、もう一つの大事な視点があります。それは、「店舗運営で改善出来る内容を示しているか」という点です。

店舗が人時売上力を発揮するためには、「店舗ごとの改善案」をだしていくことが重要となりますが、この時、重要なのが「店舗で改善出来ることをやる」ということなのです。「店で出来ることをやる」というと、あまりにも当たり前のように聞こえてしまうのですが、実はとても重要な意味を持っています。

というのは、とかく店舗運営部には、「売上を上げる」ことを仕事と思っている人が多いからです。前著でも少し触れましたが、この「売上を上げる」ことについて、店舗運営部が直接的にできることは何ひとつないということです。

こう申し上げますと

「いや　そんなことはない。うちは店舗によって売上の伸びは大きくかわってくる」という声が聞こえてきそうですが、

理由はシンプルで

売上＝一客単価×客数の公式のとおり、売上を変えるにはその要素となる「商品」か「客数」を変えることでしか売上を変えることが出来ないからです。

言い方を変えれば、「買上げ単価アップ」と「客数アップ」…といった方法で、課題解決を行なっていくわけです。この時の対策プランは「商品の品揃え変更」「価格訴求」「営業機会の拡大」「新店・改装」となります。

売上が大きく変動する代表的なものに「年末のおせち」のかまぼこ単価が平均価格の何倍になることで売上を押し上げたり。年末営業時間の拡大で普段来られないお客さまが来店することで売上は上昇するのはそういったことに起因するからです。

最近では「ネットスーパーやＥコマース」といった専門事業が売上を大きく伸ばしてきているのは今までつかめていなかった客層の客数が増えたからです。

商品に関することは、商品部に権限があり、営業時間については開発部、また、ネットスーパーやＥコマースは専門事業というふうに主管部門が権限を握っていることから、個店別に店でそこを変えることはできないことは組織的にも明確になっています。

しかし、個店別にできることはなくても、その活動資金の原資は、店舗運営が稼がなければならないということには何ら変わりはありません。

小売りチェーン企業のビジネスモデルは、主力事業を支える店舗運営部門が、原資を稼ぎ出し、成長戦略となる新規商品、価格投資、新店改装、新規事業等に投資し、成長発展させることには何ら変わりはありません。

つまり、店舗運営部がやるべきことは既存店で安定的に利益を稼ぎ出す仕組みをつくることだということです。常にそこから着手し構築していかない限り、戦略的な取り組みは何一つ手を出すことが出来ないのは火を見るよりも明らかだからです。

前職西友時代株主であった、ウォルマートから学んだ事のひとつに既存店に磨きをかけ金の卵を産むニワトリに変える、というものでした。

それまでの西友は、既存店に投資が出来ず稼げていない状態で新規事業に手を出し、その殆どが赤字か赤字ギリギリの状態でした。銀行に債権放棄をしてもらい、ようやく巨額負債を整理の目処がついたわけですが、再び泥船には乗ってはならないことから既存店の業績回復が最優先課題だったことは言うまでもありません。

一方、ウォルマートは店舗運営の既存店で、安定したお金を稼ぎ出す仕組みで年間２兆円以上ものキャッシュを稼ぎ出しています。

次々と成長戦略に投資を行ない30年以上成長し続け世界最大級の小売りチェーンとしてビジネスモデルを作り上げてきました。そういった歴史から、「まずは、既存店が自力でお金を稼ぎ出す方法を創り出す」ということが最大のミッションだったといえます。

ブラジルやイギリスそして日本も投資回収の目処が立ったため、そこで稼いだ資金を今度はより成長の見込めるオンライン事業に投資をしつづけています。

そう言う意味では、小売チェーン企業というより、機関投資家という視点ですべてを俯瞰することで、企業を大きく発展成長させてきたわけで、在籍中もつねにそういう視点で、議論を交わしてきました。

マスメディアの中には、外資小売りチェーンは日本で通用しない、日本人はおもてなしや接客を大事にする。といった　自意識過剰のトンチンカンな記事はだいぶ減ってきましたが、そんな根拠のない記事に振り回されることなく、自社のドメイン事業の収益構造の高収益化をめざし、、成長戦略投資をしていくのは資本主義経済の原理原則だということです。

そう言う意味では、店舗として儲けを上げていく店になるための要素が、店長専用資料となる　店長レポートにはぎっしり詰まっているということです。

人時割レイバースケジュールにしても、その大もとば、この店長レポートの中に記載されてくる人時と売上の関係を時系列化させ、コントロールしやすいようにスケージューリング化させたものです。

どこを押さえれば人時を上手くコントロールし利益を最大化できるか？ということを目的に作ったもので、その基本設計に長く関わってきました。

業種業態を超えどういった企業にも活用できる人時割レイバースケジュールは、企業のもつ特徴を最大限発揮させることを可能にします。この仕組みづくりを通じ、はじめて何が必要で何が不要なのか見極めるスキルを身に着けることが出来るといえるでしょう。

この本質を理解した上で、導入されている企業では、現場調査を通して、社員の心の動きが見え余裕を持つことができるようになることから、顧客心理を掴むコツも徐々にわかるようになっていくのです。

・収益構造改革が意味すること

実は、収益構造ひとつ見ても、安定的に成長する企業と、業種が似ているからといって、ついその真似をして失敗する企業があります。

たとえば大手チェーンがＣＭや新聞などのリリース記事で、「数百品目緊急値下げ」といった価格戦略を行なっているのを見て、それに準じたやり方を真似しようとするということです。

もちろんそのままではないにしても、大手がやればそれに準じて、似たようなやり方で準大手や中小他社も動きだすということです。

ただし、いくら真似をしようにも、根本的には、ビジネスモデルが全然違うため無理が生じてきます。大手企業は、家賃収入や金融事業で資金が豊富なところもあれば自社開発商品を豊富に持っていて、そこで確保した資金を集中投下して…と言った具合に安さを強調する仕組みで回しているからです。

ここ数年、大手各社はブラックフライデー等の新しいイベントやポイント○○倍といったものを打ってきます。また、ネット通販でも同様のセールやポイントセール実施してきています。

そのため、いやがおうでも、こういった「価格値下げ」の影響で売上が悪いのではないか?と関連づけて考えたくなってしまうものです。

特に、マスコミは　ファーストフードなどの僅か数十円の値上げや食油やカップ麺といった原材料費高騰に値上げをすることを大々的に、良くないことのように大騒ぎし報じたりします。

そもそも原材料値上が原因なのに、比較のしやすい末端価格に換算してだすことの方が視聴率をとれるからでしょう。これに対し小売りチェーンは、そういったことに過剰反応を示し、販促強化チラシを増やし「うちもお客様のために流行に後れをとってません」というアピールをしようとします。

毎年の販管費率が上がり続ける中、販促強化で無理に粗利を下げればどうなるか?中学生にもわかることです。しかも、こういったことは、一回だけではなく、そういった話題が出るたびに「売上対策」と称され都度繰り返えされ、自社体力を消耗させてきた。ということです。

冷静に考えてみればわかることですが、商品価格が上昇し消費者の財布のひもが固くなったとしても、その買い物を止めるわけではありません。自宅のストックが無くなれば、また買いにくるわけで、そう言う意味から、儲からない価格競争に荷担しないことですと申し上げています。

すると、

「競合は価格を下げチラシを強化している」という声が返ってきます。

――――貴社のお店に買い物に来てくれているお客様から「貴社のお店は商品価格が高い」と言われたことでもあるのでしょうか？とお聞きすると

「えっ…」と言葉に詰まります。

これが、自社で毎月行っている、対顧客店舗コンディションのアンケート結果に「商品価格が高い」という項目に印をつけたお客様がいた。ということであればまだしも、根拠もなしに周囲の意見ばかりに気を取られ、本来向かい合うべきお客様の声に耳を傾けようとしていない？ということです。

実際、すべての店舗が同一競合と対峙していることはありませんし、そういう事実があるのであれば、該当店だけで、なんらかの対策を考えればいいわけです。

先にお伝えしたように、殆どのチェーン企業は、そういったアンケートもなにもとっていない実態から考えると一体何に対して価格競争をやっているのか？ということです。

語弊を恐れず申し上げれば、マスコミ報道の動きに対して、勝手に安売りをやって利益棄損に陥っているのではないか？ということです。

前職時代も、ＥＤＬＰを導入する前は、こういった報道に翻弄させられたことがたくさんありました。ＥＤＬＰとは、チラシによって短期的に特定単品価格を上げ下げするのでなく、いつ行っても一回当たりの買い上げ価格を安く提供するというプログラムですが、難しい戦略のため、その企業力が試されます。今だから言えるのですが、もし、その報道に翻弄され実施を断念していたら、会社はなくなっていたといっても過言ではないからです。

ウォルマート傘下に入り、数年が経過したころでした。まだ、販管費を下げる手立ても本稼働できるかできなかという中で商品価格についても、中途半端な価格で全国店舗展開していた状況でした。

しかし、前述の通り、地方のチェーン企業では、自社物件展開している店舗も多かったため、販管費が低くおさえることが出来た分、主力商品価格も相当低く、その価格に合わせ対抗値下げすると、再び赤字を計上しなくてはならない厳しい状況が続いていました。

アメリカではＥＤＬＰで圧倒的な強さを誇るウォルマートですが、当時、日本での実施時期は未定でした。

そんなある日のとある全国紙の新聞朝刊に「西友とＯ社はじめとしたチェーン数社の十数アイテムの価格を一覧表にして掲載し、西友は価格が高く、そもそも日本ではＥＤＬＰの実現は無理で、その価格も通用しない」と掲載されました。

何が…と言えば、当時は全国で３７０店舗展開していましたが、このＯ社チェーンと直接競合していたのはたった1店舗しかなかったからです。３７０分の１のことを全てのように報じ煽ることに強い憤りと違和感を覚えたからです。

まあ事実なのだからそれは言い過ぎ…という人もいるかもしれませんが、思い出してほしいことがあります。太平洋戦争の時に新聞が戦況をどう報じていたか…ということです。負けていることを一切報じず、「敗退を転進」などと言葉を変えて書き連ね、一部の局地戦で勝ったことを報道し煽りに煽った…ということは、歴史が物語る「おぞましい報道の過去の事実」です。

アメリカ人のＣＥＯのエド氏が太平洋戦争の歴史をどこまで知っていたかどうかわかりませんが、彼から出された指示は、「この記事に翻弄されるのではなく、直接競合する全ての店舗で価格が通用することを実現させればいい」というまるでこの時を待っていたかのような一言でした。

おりしも、私の率いる業務改革部はすでに非効率業務改善で、年間の販管費引き下げの目標金額を達成できる目処がたっていた時期でした。

その価格調査の実行は、わが店舗統括の業務改革チームが担うことになり、全店の価格を調査し価格通用化を推進するための特殊調査部隊プライシングチームを新設したのです。その目的は370店舗と対峙する競合店舗の価格実態調査を定期的に行い、価格を商品部が決定し地域で最も安いバスケットプライスを実現しながら、最終利益確保を行うというものです。

今までの組織と変わっている点は、プライシングチームは商品部所属でありながら、その指揮命令系統は店舗運営本部にあるという点です。

理由はシンプルで、商品の価格決定権は商品部の役割ですが、40名からの人数の陣頭指揮は店舗に精通している店舗運営が担う方が、無駄なく効率的に動かすことが出来るからです。

プライシングチームは、2人1組で行い、店舗ごとに、価格が安いと言われる競合一店を設定し、商品部が指定した数百アイテムの価格調査を行います。

そして、そのアイテム価格にあわせ、各店舗で価格変更からプライスカードを差し替までおこなうことで、店舗の価格競争力を短時間で実現化させていくのです。

このプランを考えた時、ウォルマートと提携してすでに7年が経過していましたが、これでいける。と身震いしたのを今でも鮮明に覚えています。

単に販管費を下げることに留まらず、次の一手であった念願のＥＤＬＰに向け、会社が一体となり動き始めたのです。

そう、おぞましい新聞記事だったのですが、不思議なことに、一部の出来ごとを大きく伝えるマスメディアを逆手にとって、これまで封印されていたＥＤＬＰを解禁し、大きくプラスに転じさせる機会を見逃さない。このアジャイルな経営手法で黒字転換をすることができたことは、社内の結束力をさらに高めました。

この仕組みが動き出して、3カ月が経過したころ、変化は現われました。前年割れであった客数が戻り始めたのです。その背景には、対顧客店舗コンディション調査の「価格の安さ」の評価項目が一気に10％以上改善していたことにも如実に表れていました。

心配であったのは、価格合わせに伴う、粗利を戦略的に引き下げたことで、収益がどこまで下がってしまうのか？ということでした。

というのは、商品群ごとの、主要アイテムの価格を合わせるということは想像以上に、値下げコストを必要とするものだったからです。

ところが、これも、よく見ていくと、競合は全ての価格が安いわけではなく、チラシの訴求期間は安いが、通常価格は、高いことの方が多く、逆に値上げするアイテムも相当数あったのです。

つまり、競合はチラシの時だけであっても、こちらはロングランでいつでもその価格で買うことができるようにするという価格設定にすると、価格訴求力を得ながら利益棄損せずに済むこともわかったのです。

また、対顧客店舗コンディションのお客様の評価からもわかるように、競合チラシ日替わり商品1～2アイテムで負けたとしても、一回当たりの一客単価となるバスケットプライスは、ほぼ勝つことが出来たことが客数増、買上げ点数増につながったといえます。

・抵抗勢力を戦力化したチラシマッチ戦略

こうして、商品の価格による優位性は、着実に確保することができたのですが、それでも、地方で毎週激安日替わりチラシを打ってくる競合と対峙した店舗のあるエリアでは、売上の良くない理由を、そんなやり方ではうちの店舗は勝つことが出来ない。とありとあらゆる理由を会議で出してきます。

例えば

「日替わりチラシ価格が競合に負けて売上が上がらない」

「価格競争の激しいエリアでは、同業が全て低価格争いをして勝てない」

「競合は一日に何回も価格調査に来て価格合わせをしてる」

「売上が上がらず、ＥＤＬＰで粗利が下がったので利益悪化した」

「レジで顔見知りのお客様から商品が高いと言われた」　などなど、チラシについてそういったことばかりで審議が止まります。


現実問題として、全ての各店の競合チラシ日替わり原価割れ価格に合わせたチラシを作ることは出来ません。各店の店長もそんなことが出来るわけないということを承知の上で言っていたわけです。その背景には、多くの店はこのまま、ＥＤＬＰ化が進めばチラシが無くなってしまうのでは？ということへの懸念でした。

というのは、毎週訴求されてたチラシがなくなってしまうと、各店は自分たちで、企画を立て発注量を決めていかなくてはならなくなります。簡単な話、チラシがないと、エンドプロモーションの商品アイテムや量もどうやればいいのか分からないのです。まさに、チラシ依存しきってきた企業の企画力の弱体化が露呈してた訳です。

これは、チラシの効果測定実験を数カ月にわたり実験していたことから大よそ見当がついていました。チラシ訴求を続けた店と、試験的に中止した店を比較し、売上が落ちた原因が、どこにあるのか？検証を進めていました。そこでは、当初チラシを打たなければ来店客数が減って、売上が落ちるという仮説を立てたのですが、結果的には客数は横ばいのまま、買上げ点数だけが大きくダウンしたのです。

理由は簡単で、チラシが投入されないということ聞いた各売場長が、特売商品の発注量を減らしたことでエンドが夕方にはガタガタになっていました。一方、定番商品でも同じことが起きていていました。それぞれの担当者が発注量を絞ったため、品切れ件数が倍増していて、これが売上ダウンの要因になっていたのです。

これは、業務改革部が実際に追跡調査と店長レポートをもとに分析したことから、この実態が浮かび上がってきました。

もし、実験を主管部の販売促進部と運営部長や店長にやらせたらどうなったか想像してみてください。「チラシを入れないから売上が下がった」といういつもと同じ報告でおわったら、今ごろ会社は無かったと思います。

この問題を解決するために、商品部に、週次エンドプロモーション計画を作成するように要請し、店舗はそれにもとづき、各店フロアプロモーションマップに落とし込むことで、売上が回復しただけでなく、粗利も向上したのは言うまでもありません。そして、ようやくここまできたことで最終仕上げとなる、次の一手、チラシマッチに着手することが出来たのです。

チラシマッチとは、競合店のチラシ本体（携帯等デジタル表示は不可）をお客様が持参された場合、競合チラシ掲載されてる期間で同一規格商品価格が自店より安かった場合、レジでその価格に値下げして会計する。というサービスです。

極端な話、たまごが日替わりで98円なら、同一規格であれば、訴求該当日にその値段で提供するというものです。これによって、競合が強烈な日替わりチラシを打った初日は、そのチラシを持ったお客さんが西友にきてくれる。という怪奇現象が起るのです。理由はチラシを訴求してきた企業と同じチラシカカクで売るため、どちらの店で買っても同じ価格で買うことが出来るからです。

このチラシマッチ戦略実施後、地方の店長から「チラシカカクが・・・」という発言は一切なくなったのはいうまでもありません。

むしろ、これを逆手にとってやられることの怖さを知ったことから、チラシを増やしてほしいという要望もまったくなくなりました。プライシングチームによる価格調査は、その後1年続け、その後チームは解散しました。これによって、自社の価格が高いとか安いという、議論から脱却できたことは大きな進歩だったといえます。

ＥＤＬＰで主力商品の価格をあわせたところで、それが定着するのには時間がかかります。その問題を解決するためには、表層的なことではなく、根本的になにが問題なのか？偏りのない情報が提示される仕組みは必須です。そのためには何をしなければならないのか？社長は常にその本質部分の改善から目を離してはならないということです。

・店長専用資料を用意する本当の意味

では、偏りの無い情報を集めるには、どうすればいいのか？と考えた時、人間で言えば、健康診断を受けずに働き続けたらどうなるか？ということです。

体調が優れないのは、運動不足だから…、気が緩んでいるから…、もっと鍛えなくては…とやったらどうなるか？外見からは見分けがつかなくても、内臓系の癌や血液疾患はこうした無理からくるものも多く、最悪の場合、手遅れになれば命にかかわることもあるわけです。

簡単な話、歯が痛めば、歯医者に行きますし、熱がでれば内科を受診します。それを自己流で治そうと思う人はいないわけです。

医者に診てもらったほうが直ぐに治るし、将来の予防治療もふくめアドバスがうけられ痛い想いをしなくて済むとわかるからです。

定期健診を受け、そこに出てくる数値に、許容範囲が示されていて、それを超過した場合、再検査を受け、専門医師の診断指導を受けます。しかし、一般的検診でみつからない病もあり、ふだんはオールA評価だからと油断してると、ある日突然、重病を宣告され、緊急搬送で入院、自分自身でどうにもならないことになってから慌てることになります。

企業の場合も同じで、日々社内でおきていることを発見する仕組みがなければ、その状態がAなのかCなのか知ることすら出来ません。その悪化状態を示すのにで役立つのが、繰り返し申し上げている店長レポートです。

店舗収益の良くない店に共通していることは、何が店舗収益を悪化させているのか要因が特定できていないため、対応方法を間違え悪化しているということです。

特に売上視点だけで売場を見ていこうとすると、商品ボリュームがない、とか　演出が足りない、とかにぎわいが少ない、○○店の演出が良いので参考にして・・・　といった「見た目」のアバウトな指導が中心となります。

これが人時売上視点となると、今一番売れてる商品はどれで、日にいくつ売れるのか？ということと、今の喫緊の課題は何か？この二つに集約されます。

言い方を変えますと、各売場担当者がもっとも売らなくてはならない商品はどれで、その数量を最大化させるのを妨げる要因＝ロスは何か？ということです。

つまり、店舗運営上の全てのロスが店長専用資料には打ち出されていなくてはならない

店舗の収益状態が思うようにいかない要因はどこにあるのか？売上だけでは表面的なことしかわからないため、悩む時間もかかります。対応を間違えればさらに悪化してしまうこともあるかと思います。

これが、人時売上になると確認すべきことが紐づけされわかっていることから、店長は、それが分かる店長専用資料を持って行動するようになります。

そこには店舗で起っているあらゆる利益ロスが載っていることから、何を修正すればその数値が変わるのか分かるようになっています。誰にでも、再び起こりうるロスやトラブルを事前に予知出来るため収益が安定します。

人時売上改善を、こうした全体最適として捉えなければならいことを理解せず、主管部門の部分改善で、後になって失敗だったのでは?ということも店長レポートがあればハッキリ見えてきます。主管部門の視点で単に、グループウェアソフトや作業割当、自動発注といったものを導入すると、後になって、店舗のロス問題に対応できない。ことが山のように出てきてどうにもならないことが店長レポートでみえてくるのです。

大事なことなので繰り返し申し上げますが、その投資は、店舗の人時売上をあげるための投資になっていますか?ということを自問自答してくださいということです。

言い方を変えれば、主管部門の作業改善といったものではなく、９割のコストを抱える店舗の人時売上が直接的に改善できるものであり、その上で、本部作業が軽減できるものでなくてはならないということです。

しかし、現状ではもう20年以上基幹システムを更新されていない企業も多く、そういった部分改善の方が、安価なことから、必要な店舗の人時売上改善が後回しにされ、いつまでたっても企業収益力が上がってこないのです。

なかには「数千万かけ、グループウエアや、各主管部コスト削減のためのシステムをいれていしまった」という企業もあります。

一旦導入したからといって、使い勝手が悪いものを使い続けることは、最も高くつくことから基本的に全てやり直します。といってやり直された企業もあります。

「数千万もかけて導入したのに?」という声が聞こえてきそうですが…

投資したお金はやり直すことで、取り戻すことはできます。

しかし、今こうして悩んでいる時間含め、この先、店舗のロスが見つけることが出来ないような中途半端なシステムで、店舗ロスにかかる時間は、防ぐことも、取り戻すこともできないということです。

主管部門による部分改善が、いかに危険であるかは、社長の立場として、そこは良く考えていかなくてはならない点です。

実際に店舗で日々起るあらゆるロスを想定し、点検項目として設定するにはどうすればいいのか?さらにその基準値を明確にし、その基準を実績が超過した超えた場合店長はどういう行動をとればいいのか?ということを一つずつ決めていく事になります。

大事なことなので繰り返しますが、店長レポートの中には、店長権限で改善出来ること以外掲載してはならない。ということです。店長の仕事に終わりはありません。やろうと思えば無限大に仕事は増えていきますが、そのひとつひとつが重要かどうかは、各個人に委ねられています。そのため店長や管理職の長時間労働の問題になってることは、紛れもない事実です。

これまでも、お会いしてきた社長からよく聞かれることの一つに、アメリカと比べてうちの企業はどれくらい差がありますか？という質問をいただきます。

はっきり言えば、半世紀ぐらいだとおもいますが、少し気を使わせていただいて、――30年ぐらい後ろを追っかけてると思ってください。と申し上げています

什器や商品、設備などはもちろん新しいものに切り替わっているかと思いますが、一番遅れているのは、店舗運営のスタイルにあるからです。店長の仕事に終わりはないのをいいことに、今まで無制限に仕事を振ってきた日本式チェーン経営。これが、最も遅れているということです。

と申しますは、かつては、店長の部下もたくさんいました、店次長、営業部長、課長、係長…今は、どうでしょうか？店長の下は係長という店もあり、企業によっては、店長を指導する運営部長が大型店店長兼任というのも珍しくないというのが現状です。

店長業務を標準化させてこなかったことが、国内チェーン企業のもっとも遅れらせてしまった点といえます。いつの時代も、店舗運営の使命は、人時売上の最大化であり、中でも人時コントロールにもっとも時間をかけなければならないはずです。

しかし、現実は、未だに、やれ、競合店との価格比較だ、やれ売場づくり指導、やれ販促強化、コミュニケーション、接客訓練等、どれをとっても、人時には全く無関係なものと言わざるをえないことばかりだからです。

まず、これらの雑務をやってから…時間が余ったらおまけに人時をさらりと見る程度しか、どの企業の社長も考えていないことが問題ということです。簡単な話、利益にならないことはロスである。ことがわかっていないからです。

ここで言う利益にならないこととは、人時売上の改善にならないことです。さらに申し上げれば売上は店舗ではコントロールできないことなのに、それと思しき作業をやらせていることを社長自身が容認しているということです。

売上コントロールが出来ないと分かっている作業に人時を投入することがいかに無謀なことか理解できていない動かぬ証拠です。

こういった課題をクリアし、人時を使いこなせるようになるには、時間がかかりますが、いったん、使いこなせるようになると店の収益力が桁違いに変わってきます。

これが使いこなせるようになるのは、2年〜3年間ぐらいかかりますが、その後はスピードがアップしていくということです。と申しますのは、店長が人時コントロール出来るようになると同時に、その次の世代も同時に育つことから、世代交代が加速していくからです。では、人時売上をあげるためにどういうロスに注意すればよいのかについて説明していきます

・弱点を克服し、利点の最大化させる仕組みづくり

では、経営が、しっかり「店舗のロス」を把握し日々確認できる店舗運営を展開し、さらに自社の強みをつくり出すためにはどのようにすればいいのか。ご説明してきた「店舗運営ならではの問題」をクリアにするために、有効な手段として挙げられるのが、「パッケージング」と「手法の具体化」です。

分かりやすく言うと、経営が店舗に対して行う指導を、「この方法で」など、手法を明確にし、さらに、いつまでにその異常値を修正します…といった、「ひとつのパッケージングにする」ということです。

既存店が競合他社にない強みをもつためには、経営が指導するやり方を「儲かるカタチ」にする必要があります。同時にそれは、商品、新店、改装、新規事業軸以外の方法で、特徴を持つ必要があります。このためには、「何を使って業績を上げるのか」といった手法を具体化して打ち出した上で、店長用専門資料として、パッケージ化するということです。経営が店舗運営でやるべき内容をパッケージングすることは、店長に対して「何をやってほしいのか」をわかりやすく提示することと直結します。

店長用専門資料をパッケージング化することで、誰がやっても一定の利益確保できることから企業収益が安定します。また、そこに記載されていることは何から着手してもいい

ことから、方向を間違えずに各店長が取り組むことからムダが減ります。なかには、高い項目にチャレンジする店長もでてくるため企業全体の収益はおのずと向上していくことになります。

こうして既存店収益が上がるコトによって生み出された資金は、商品、新店、改装、新規事業といった専門性や特徴を打ち出す事業に再投資されます。これらは、「既存店が儲かるカタチで運営されている」こととセットで、はじめて威力を発揮するからです。

先に申し上げたとおり、店舗では、店長、売場長と職務領域は決まっています。かつてのように人口増に売上が支えられていた時であれば、売上アップを目標に掲げ、売上さえ取れれば…というのもギリギリ有効になったわけです。

ところが、人口減により売上で企業を支えられなくなった今「売上」はもはや有効にはならないどころか、弱点にしかすぎなくなってしまったということです。

そのため、

「売上を上げるために商品ロスはつきもの」
「売上を上げるため多めの人員は必要」
「品切れは売れてる証」

「盗難は、魅力ある店舗の証拠」等々

といった表面的売上のために、店舗ロスを軽く見ておられる経営者は、未だにたくさんおられます。しかし、人口減で、目指すべき目標が変わったのに、「人手さえあれば…」と思い収益を上げられないやり方を続ければ危険な状態になるということです。

・店長専用資料の作成のポイント

店舗には、いたるところに店舗ロスが内在しています、ここで取り上げるのロスは、店舗が管理し人時改善できるものだけです。

例えば、作業ロスという観点で言えば、店舗業務を業務項目毎に区分けし、その中で非効率業務にはどういうものがあって、それをどう改善していくか?といった方法で人時活用していく事がポイントになります。

特に、過去売れていた大型店などでは従来組織のまま、統廃合を一度もやったことのない企業もあります。そのような店では、売上ボリュームにあわせ組織が組まれ、衣料品、住居用品、食品という部門の中でさらに細かく売場が分かれそこのフルタイム本社員担当者がいたりましす。

一方、人口減時代では、売上ボリュームから作業ボリュームに合わせ組織を見直していく事になります。そのため、作業ごとにそれが利益を生んでいるかどうかが重要になってきます。

極端な話、発注と品出し作業にどれくらいの人時がかかっているかが分かり。ここに近づけた店舗オペレーションが出来れば、それだけでも利益を増やすことはできます。問題は必要人時をいかに減らし、それ以外にかかっている業務をいかに無くすことができるか?ということになります。

お客様を無視して何でもカットするということではありません。より良いサービスを提供することを前提に、収益構造をどう変えていけばいいのかということです。例えば、納品~品出しという業務の流れでみていくと、納品時間が売場によってバラバラであったり、混載で納品されることがあります。荷物の到着する時間帯にもよりますが、大抵が、各売場1人~2人で、荷受けから品出しまで、何時間もかけマイペースでやっているケースが殆どであるということです。

言わずもがなその間は、売場の商品は品切れを起こしているわけです。これを部門の壁を取り払い、各売場から2人をだし10人にし、全員で荷受け、品出しを一括化してみたら、どうなるか?といったことです。

個別にやると残業になってしまうような作業も、こうした一括化出来るような業務改革は店長判断でできる代表例といえます。この手の実験は、何百回事例もやってきましたが、その後必要人時は2割~3割は下がると同時に、部門を越えた協業によって一人一人が活き活きと働くようになり職場は明るくなります。

こうした人時改善は、人時割レイバースケジュールと店長レポートが揃っていれば、どの企業の店でもできることです。見方をかえれば、こういった情報が店長レポートには載ってなくてはならないということです。

また、商品が品切れていると、お客様からの問い合わせ増え、作業指示書どおりに仕事が終わらないことが起き、これが人時オーバーの要因となります。そういう意味では、商品の品切れ件数実績も必要となってきます。

商品ロスとなる値下げが増えると、値下げにかかる作業時間が増えますのでこれも人時オーバーの要因となります。そういった観点から、売場毎の値下げ金額はどのくらいあるのか？最大値下げ実績アイテム名は何か？といった事も欠かせません。

廃棄値下げ実績も、日々実態を確認していかない事には、無尽蔵に増えていくものですから必要データとなります。

忘れてはならないのは、棚不足要因となる盗難ロスのチェックです。自動発注などを導入している企業の場合は、商品のあるべき在庫数が売場になかったら、それに対して防止策を講じなければならないからです。

これらの値下げ、品切れ、盗難、非効率業務全てに共通していることは、どれも目には見えないもので、儲からないことに人時がかかっているという点です。

つまり、店長専用資料は会社の資産を守り、ロスを減らすための、欠かせないツールであり店舗運営の仕組みとして、使いこなせるようにならない限り既存店の収益改善など出来ないという事です。

このツールを片手に、朝1時間かけ重点ポイントきめて売場をまわることで、昨日発生したロスの原因は、ほぼ9割以上は確認することが出来、翌日には全ての人と確認がとれることから100％ロスチェックは完了します。


「そんなに、ロスってあるものでしょうか」という声が聞こえてきそうですが

値下げであろうが、盗難であろうが、廃棄であろうが、すべてまとめて商品ロス率を1％改善できれば、売上営業利益率は1％改善出来たも同然だからです。そう言う意味では、ロスの多い企業ほど伸びしろがあるということです。

毎年、販売管理費が上昇する中で、この差が成長戦略の原資になるか否かで、次の一手が大きく変わってくるものだからです。

・焚火の火を起こして消さない為の手順

弊社では、個店の収益力を最大に発揮させていく場合、とくに業務改革プロジェクトとして初期段階においては、人時を使いこなせるようになることを推奨しています。最終的な形態としては、先に申し上げた新規顧客開拓ができるような「理想形」を構築したいところですが、一足飛びにそのような理想形を構築するのは至難の業だからです。

たとえて言えば、焚火の火をおこしてずっと燃やし続けるためには、木を切ってきて、薪になるサイズに切り分け、適度にくべ続けることをしなければ消えてしまいます。しかし、最初からその木を切ってきて…とやっていると火が付くまでにものすごく時間がかかるために、凍え死んでしまうかもしれません。

ですから、最初は薪を買ってきて、さらに着火剤などを使って火をおこし、「時間稼ぎ」をするわけです。最初の種火で燃えている間に、木を切ってきて薪にして、それらが一連の動作の中で、間に合うようになれば、焚火の火は燃え続けるようになります。人時売上活用法も同じです。将来的には、価格中心の販促強化の比率を下げていき、ゆくゆくは、商品改廃や新店、専門事業で見込み客の新規獲得していく必要がありますが、最初は、着火剤や薪を買ってくるほうが、断然早くて確実ということです。

この着火剤と薪にあたるのが、人時割レイバースケジュールです。世の中には似たようなシフト表やグループウエアのようなものはありますが、伊藤自身何十社も回って長年探してるものの、弊社が求める要件を満たすものは少ないのが現状です。

また、中小型チェーン企業向けとなれば、数千万のシステムを買って専門部門に人を付けて運用できる企業は限られてくることから、数十万の初期投資と月額使用料が比較的安価でアップデートに対応できるものでなくてはなりません。

そういった企業をいくつかご紹介させていただいております。社内の売上や人時をインターフェースで接続しインターネットで活用できるようにすることが可能で前日までのデータが翌日より見ることが出来ます。なお、セキュリティ面をご心配される方のために、機密情報契約の締結した上での運用となります。

実際に、導入してみると分かりますが、店舗ごとの作業がどのように行われているのがはっきりとわかることから一定の割合で人時が下がり始めます。この時間稼ぎをしてくれている間に、業務改革部門は非効率業務を見つけだし、さらに人時割レイバースケジュールの中身を組み換えていくわけです。

この一連の流れが分かるようになれば、焚火の火が燃え続けるように、人時売上は中身を組み替えた翌日から上がり続けることになります。パート社員一人雇えば　年間180万がかかります。社員パート含め一人当たりの年間人件費を平均240万円とすると１００人いる店舗では年間人件費は2億４０００万円です。

いま　その中身が人時割レイバースケジュールによってわかるようになっていくことで、業務の無いとこにはりついていた人時は削減できます。

また、かつて必要であった取り組みも、役割を終えたものは、非効率業務と設定し、主管部門に中止を要請し取りやめることで必要人時を減らしていくことになります。

早い話、人時割レイバースケジュールは導入したら終わりではなく、そこが出発点となって業務の一括化集中化や簡素化といった手法として人時を下げていくものということです。これによって、１００人いる店舗で５％の人時が減れば、１２００万のお金が入ってくることになります。

人時割レイバースケジュールが1店舗あたり３万円の月額料金だとすると年間36万となります。システムと聞くと多くの社長が「システムにこの金額は高いのでは」ということを言われます。

冷静に考えてみればわかることですが、この導入によって1店あたり年間１２００万円の販管費が下がれば、仮に10年使い続けても1億2千万―３６０万＝1億１６４０万残る億単位の改善です。

しかも、改善速度が早ければ早いほど先にお金が入ってくるという実にありがたい仕組みである、ということです。

こうして業務改善事例が増えていく事で、人時が下がるわけですが、大事なことは、こうした活動が、プロジェクトメンバーの自信となり、しいては本部や店舗の自信につながるということです。この流れを止めない限り会社の収益構造はおのずと変わっていくことになる。ということです。

また、対顧客店舗コンディション評価についてもいわゆる顧客心理を掴む「アンケートの項目設定」や「レジと連動した自動集計報告システム」…など様々な専門企画がありますがコンサルティングの中で説明をしてまいりますので、本書では詳細は省きます。

ただし

「どういったお客様に、自社の何をアピールするのか」

「そのために人時売上はどのくらいの水準を目指すのか」

これを達成させていく一貫性、この点だけはしっかりおさえるようにしてください。と申しあげています。

一般的に、マーケティング会社にこういった調査を依頼すると、初期投資の他に調査報告に月20万くらいかかり年間２４０万円程度のお金が必要になります。

こういいますと、

「一店舗に２４０万?ウチにはそんな金はない」という声が聞こえてきそうですが、大事なことなので繰り返し申しあげますが
――人時売上で儲けたら、新規顧客獲得にお金を投資してください。と言っています。新規顧客を自らの手で開拓できない企業はやがて衰退するからです。

そうはいっても、どうやって新規顧客を獲得すればいいのか?ということになりますが、一世帯当たりの家計消費支出から一家族の利用金額を年１００万としたら、この調査で毎年、20世帯の新規顧客を増やすことが出来れば、プラスになることがわかります。

収益的には、対顧客店舗コンディション評価に必要なアンケート単体でみれば赤字のケースが大半ですが、これは、毎月2～4世帯ほどの顧客を純増させるペースを掴むことが出来れば、簡単に回収できるわけです。この調査結果に慣れ活かすことが出来れば、30世帯40世帯とお客様を獲得することは全然めずらしくありません。

儲かるチェーン企業の経営者からみれば、一店２４０万かけてお客様の声を集め、店舗コンディションを修正し、新たに２０００万の売上を稼ぐといった感覚です。

繰り返しますが、持続可能な営業体制をつくらなければ、やがてやっていけなくなります。

ですから、単なるコスト削減ではなく、合理性のある仕組みをとらなければ、ビジネス的にムダが多くなってしまいます。

これらを総合的に考え、一店あたりのシステム投資は年間40万、アンケート調査ふくめ年間１００万くらいの実施はしたほうが、成長していく為の営業活動的には有利ということです。

・理想的な業務改革体制づくりに向かって

業務改革プロジェクトの初期に行なう人時売上活用で結果を出していく方法は、３年前後を目処に、必要業務量を減らし、必要人時を引き下げる展開を考えてください。と申し上げています。

これは、業務項目見直しや非効率業務改善、人時割レイバースケジュールでの改善をストップするという意味ではなく、人時売上に必要な情報が集約された店長レポートの導入で店舗が自主的に改善できる体制に移行させていくことです。また、新規顧客を増やすための対顧客店舗コンディション評価情報の活用で、自走的に店舗コンでションを引き上げる体制に変えていくということです。

対顧客店舗コンディション評価から、見込み客のデータを集める仕組みを構築していく事で、マーケティング会社に調査依頼をしなくても自社で行なえるようになるからです。

店舗を一度は利用いただいたことのあるお客様を対象にしますので、反応率も何倍もよくなっていきます。

こうなってくれば、今まで店舗の非効率で見直してきたものを、顧客視点での非効率なものは何かという情報を集めることが出来、それに迅速に応えることで顧客の心をつかむことも夢ではなくなります。こうした体制を作り上げることが、チェーン企業が行うべき、真の営業戦略です。

チラシを打てば集客できるのに…と、考える人が多くいますが、「顧客の心を掴んだ企業がチラシを出せば、その仕組みがよりいっそう回る」というのが現実です。順番が逆なのです。

現実問題、こういった取り組みを行わなければ、訴求するのは価格一変通りの内容か、メニュー提案のような机上の空論内容になってしまいます。

そのようなチラシは、年金受給の高齢者にとっては好評です。しかし、我々が今後ターゲットとしなくてはならない若い世代の見込客には残念ながらその声は一切届きません。

さらに言えば、チラシを見た人が、自社のウェブサイトに来ても、同じチラシ内容の割引内容しか掲載されてなかったら、アクセスする必要性はなくなります。

つまり、自社チラシとウェブサイトにお金をかけ単に作っただけで終わってしまっているということです。

独自の店舗運営スタイルを体系化し、そのテーマで一貫していることと、さらに、「顧客開拓の仕組み」をつくってまわしていること、これが出来ている上でチラシを打った時、大きな成果がでることをわすれないでください。現状のまま、チラシ単体の販促強化では、企業の収益構造改革には短絡的につながらないのです。

Ⅱ本物の収益力が強いチェーン企業を目指して

・連続増収増益してきたことを自慢していたチェーン企業

本書をしめくくるにあたり、あえてもう一度設問いたします。「なぜ、チェーン企業が人時を自社で効率的に運用し、新規顧客を開拓できなければならないのか？」わざわざ大変な思いをしなくても「販促強化や目先の変わった商品で、新店を出して回ってくるようになっていればいいのでは？」と考える方も多いのではないでしょうか。実際、弊社にご相談に来られた方の中にも、「売上を増やす方法はありませんか？」と質問される方も少なくありません。

先に断っておきますが、「売上をあげることが悪い」などと申し上げるつもりはありません。売上がとれるということは、市場の支持を得て立派に仕事をしている証ですから、これはもちろん素晴らしいことです。

大切なことは、「売上依存」になっていないかどうかということです。販促強化や催事で売上をとるのはもちろん結構ですが、売上以外で利益を獲得できる体制があるかどうかが極めて重要です。

簡単に言えば、「自社の本業利益の50％を売上以外で作り出せる体制でなければ、ビジネスとしてきわめて危険」ということです。

これは、「売上」ということの本質を考えるとわかります。売上アップを無条件で喜んだり、売上があがることは強さの表れのように言う人もいますが、「売上」とは、商品調達コストを含めたものであり、いわば調達先から商品を「回してもらっている」ことを意味します。

もちろん、売れるから回してもらえるわけだし、長年の実績があるからこそ、供給していただけるのですから、売上が良い方が信頼を得られることには違いありません。

しかし、営業戦略という視点で考える場合、この売上に頼るビジネスとは、「自社のビジネスの収益を拡大したり、売上をコントロールすることができない」ということです。つまり、商品調達先の采配いかんによって、自社ビジネスがどうなるか分からない…という、ビジネス的には致命的ともいえる弱点をはらんでいるということです。

実際、商品調達先や、サプライヤーのコストは一律であることから、ここでも他社との差別化は図れない訳です。

残念なことですが、調達先にとっても、サプライヤーにとっても、小売りチェーンとは所詮は「供給先のひとつ」であり、どこでも自社都合が第一ですから、売れるところが有利であって、売れない供給先となれば、「入れ替える」「価格引き上げ」がどんな商売でも当たり前ということです。やられた…などと恨み節を言う人がいますが、これは筋違いです。

きわめて重要なことなので、重ねて申し上げますが、「ビジネス展開において、自ら新規顧客を開拓することができなければ、成長発展はおろか、いずれ続けていくことすら困難になる」、これは当たり前のことなのです。

自社で顧客を開拓できなければ、供給先の単なる下請けであり、「生殺与奪権を他人に握られている」ということです。どんなに現在稼げていても、一時的と思った方が賢明です。ビジネスの構造が下請け的になっていて、売上が伸ばせない状況がつづけば、販管費増で、遅かれ早かれ、必ず窮する時がくる…ということです。

Dゾーンの店舗に支えられている企業の場合、この点は本当に注意が必要です。実質的に販管費を下げたコストで新規顧客開拓が出来ている企業は、非常に稀です。

取引先からもてはやされていても、「売上、売上」と売れていても、ビジネスの本質から考えれば、かなり危険性が高くなっているということです。

・同業が一目置くチェーン企業の条件

お客様を相手に、自社がこれまで培ってきたノウハウや経験をもってして、業績躍進を成し遂げたい。販促強化や目新しいものや見映え…といったものではなく、本物の収益構造をつくって、大きく飛躍したい…。

本気でチェーン企業を目指す方々の夢だと思います。

弊社にお越しになられ、直接関わった企業経営者の方々は、ゆうに100人を超えていますが、みなさん、自分がこれまで培ってきたノウハウを活かして、お客様を相手に小売りチェーンとしての仕事をしたい。そして、関わったお客様の成功と幸せを実現するお手伝いをしたいと、目を輝かせながら熱く夢を語られます。

単なる安売りや目先の売上、催事などにいつまで頼っていても、どこか納得いかないし、自社のやってきたことが活かせない…とも話されます。

こうした方々に、企業のトップとして本当に活躍することをお手伝いするのが、私たちのおおきな役目ですが、真にチェーン経営の道をめざすなら、やはり「同業の経営者が一目置く存在」になることと、常々申し上げています。そのことが、最も如実に表れる言葉が、「チェーン企業による新規顧客開拓」なのです。

極論に聞こえるかもしれませんが、お客様を自らの手で開拓できない小売りチェーン企業が、本当の意味での商売などできるはずがない…と考えるからです。

理由は単純です。経営とは、お客様・取引先の開拓からなる「顧客の創造」にほかならないからです。顧客開拓無くして、いかなる事業も成立しないし、成長戦略もありえないからです。

ここに、お客様が存在していることが前提の引き継がれた社長と顧客を生み出していくことを求められる社長との決定的違いがあります。

忘れてはならないことは、企業の創業者とは「タネ銭をつくって起業して、自らの会社の顧客や取引先を開拓して、会社を大きくしたリーダー」だということです。経営者は、ビジネスがなんたるものか皮膚感覚で知っています。

他人に回してもらってるビジネスなのか、自分で開拓してやってるビジネスなのかは他の経営者から見れば、すぐに違いは分かることです。

自ら顧客を開拓してきた社長は、「事業」の感覚のある経営者になります。面白いことに、経営者は本物の経営者に一目置きます。規模の大小よりも、１人の経営者として一目置くのです。

逆に、どれだけ大きな会社の社長であっても、中小企業の創業経営者からは、表向き丁重な応対でも「しょせんは雇われの人」と、した見方をしてることが珍しくありません。

ゼロから築いてきた人と、もらった人では、リーダーという括りでもまるで違うからです。一流の経営者としてチェーン経営で大いに活躍していく社長と、没落していってしまう人の決定的な差は、こうした意識の違いから生まれてきます。

顧客の自社開拓は、大変厳しい道かもしれません。しかし、本書でご紹介してきたS社の社長はじめ、関わった多くの経営者の方々が、実際にこの険しい道を乗り越え、独自のチェーンビジネスを切り開いていっています。

経常利益率4倍はもちろん、億単位で利益改善をされている企業もありました。同じ努力をするなら報われる方がいい。これは、誰しも同じ想いでしょう。そして、もうひとつ大切なことは、皆同じ言葉を口にされることです。

「やっと、自分の足で大地に立つことができる実感がわきました」…と。

自らの人生を最高に活かす方法、それが、引き継がれたチェーン企業で、人時生産性を上げ、そして顧客を自ら開拓していくことなのです。そこには与えられたものではない、自らがつくり出した世界が広がります。

本書を通じて、チェーン経営人生を謳歌するための5年戦略、10年戦略を持っていただければ、これに優る幸いはありません。多くのチェーン経営者の真の活躍を心より願ってやみません。

著者　伊藤稔（いとうみのる）

チェーン企業専門のコンサルタント。人時生産性と店ごとの特徴を活かした独自の利益創造手法「個店力最大化」を編み出した業務改革のスペシャリスト。

倒産寸前だった総合スーパー西友において、赤字体質から黒字体質へと変えていく現場最前線の実力店長として辣腕を振るう。数々の実績を残した後、チェーン全体の統括担当となり人時システムを改良、本格的な業務改革施策を370店全体に行き渡らせることに成功し、同社を世界一の人時生産性を更新し続けるまでに進化させた立役者。

「成長しつづけるチェーンストア経営を育成したい」という強い信念の基、2014年、儲かるチェーン企業の指導機関、株式会社レイブンコンサルティングを設立。現在、同社代表取締役社長。

チェーン企業に特化した本物の実務指導には、「億単位で儲けが変わった」、「標準体で利益がでるようになった」「チェーン経営が努力から科学に進化した」…など、経営者から絶大な評価を得ており、国内はおろか海外企業からも指導依頼が絶えない。1959年東京生まれ、明星大学人文学部心理教育卒。

小社 エベレスト出版について

「一冊の本から、世の中を変える」――当社は、鋭く専門性に富んだビジネス書を、世に発信するために設立されました。当社が発行する書籍は、非常に粗削りかもしれません。熟成度や完成度で言えばまだまだ低いかもしれません。しかし、

・リーダー層に対して「強いメッセージ性」があるもの
・著者の独自性、著者自身が生み出した特徴があること
・世の中を良く変える、考えや発想、アイデアがあること

を基本方針として掲げて、そこにこだわった出版を目指します。

あくまでも、リーダー層、経営者層にとって響く一冊。その一冊から経営が変わるかもしれない一冊。著者とリーダー層の新しい結び付きのきっかけのために、当社は全力で書籍の発行をいたします。

3店～100店、
時給2000円払っても営業利益率10％出せる収益モデルの作り方

定価：本体3、080円（10％税込）

2022年5月8日　初版印刷
2022年5月26日　初版発行

著　者　伊藤　稔
発行人　神野啓子
発行所　株式会社　エベレスト出版
〒101-0052
東京都千代田区神田小川町1-8-3-3F
TEL　03-5771-8285
FAX　03-6869-9575
http://www.ebpc.jp

発　売　株式会社　星雲社（共同出版社・流通責任出版社）
〒112-0005
東京都文京区水道1-3-30
TEL　03-3868-3275

印　刷　株式会社 精興社　　装　丁　MIKAN-DESIGN
製　本　株式会社 精興社　　本　文　北越紀州製紙

 ISBN 978-4-434-30412-5